语言生活皮书

中国语言文字事业发展报告
（2020）

国家语言文字工作委员会　组编

商务印书馆
The Commercial Press
创于1897
2020年·北京

总 顾 问	许嘉璐
顾　 问	柳　斌　朱新均　李卫红
总 策 划	田学军

编 委 会

审　 订	陈章太　傅永和　李宇明　周庆生
主　 编	徐晓萍
副 主 编	娄　晶　王　晖　孟庆瑜　桑　标
执行主编	周道娟　张日培
委　 员	（按音序排列）

曹玉梅　陈克相　丁天乐　古丽帕丽·阿不都拉
郭小萍　韩爱丽　侯　敏　贾　炜　李东梅　李光明
刘菊娇　刘朋建　吕通义　那　佳　裴亚军　卿学民
容　宏　唐耀华　田联刚　王定东　王为民　杨　平
余桂林　张春骅　赵国成　郑立峰　周洪波

栏目主持（按音序排列）

李　敏　栾印华　庹迎香　徐欣路

作　 者（按音序排列）

蔡存明　曹瑞昌　陈　菲　陈雪梅　邓　鸿　丁　峰
杜宜阳　范大祺　富　丽　葛其恒　耿宏莉　郭　浩
韩玉华　黄　凯　黄拾全　贾宇涵　李　强　林浩敏
林显东　凌晓凤　刘宏宇　刘思静　陆　宁　罗　莹
马晓华　孟　晖　孟　源　倪　兰　朴美仙　齐　影
邱静远　饶高琦　任才淇　单　娟　尚玲晓　申　阳
沈凡莘　沈晓冬　苏　恒　王丹卉　王　栋　王海兰
王　磊　王　民　王　奇　王　琪　王淑芬　王学荣
王　甬　王宇波　韦方奇　文　琼　夏　蒂　徐欣路
薛　强　杨　刚　杨　静　杨　溢　杨跃琼　易　军
张　婵　张天伟　张　艳　张振达　章秀霞　赵树元
郑　威　周　祥　朱鸿飞

策　 划	教育部语言文字应用管理司
执　 行	国家语委国家语言文字政策研究中心（上海市教育科学研究院） 国家语委中国语言资源开发应用中心（商务印书馆）

"语言生活皮书"说明

"语言生活皮书"由国家语言文字工作委员会组织编写，旨在贯彻落实《国家通用语言文字法》，提倡"语言服务"理念，贯彻"大语言文字工作"发展新思路，为语言文字事业更好服务国家发展需求做贡献。

"语言生活皮书"分A、B、C、D、E五个系列，各自连续编号发布出版。其中，A系列为《中国语言文字事业发展报告》（"白皮书"），B系列为《中国语言生活状况报告》（"绿皮书"），C系列为《中国语言政策研究报告》（"蓝皮书"），D系列为《世界语言生活状况报告》（"黄皮书"），E系列为语言文字规范草案（"规范类"）。

《中国语言生活状况报告》（"绿皮书"），2004年筹编，2006年出版，是国家语委最早组编的语言生活皮书，目前还出版了相应的英文版、韩文版和日文版，并附带编纂了具有资政功能的《中国语言生活要况》。2016年，《中国语言文字政策研究发展报告》（后更名为《中国语言政策研究报告》，"蓝皮书"）出版。2016年，《世界语言生活状况》和《世界语言生活报告》（后合并更名为《世界语言生活状况报告》，"黄皮书"）出版。2017年，《中国语言文字事业发展报告》（"白皮书"）的出版，标志着国家语委的"白、绿、蓝、黄"皮书系列最终形成。

这些皮书各有侧重，相互配合，相得益彰。"绿皮书"主要反映我国语言生活的重大事件、热点问题及各种调查报告和实态数据，为语言研究和语言决策提供参考和服务。它还是其他皮书的"底盘"，在人才、资源、观念等方面为其他皮书提供支撑。"白皮书"主要宣传国家语言文字方针政策，以数据为支撑，记录、展示国家语言文字事业的发展成就。"蓝皮书"主要反映中国语言规划及相关学术研究的实际状况，并对该领域的研究进行评论和引导。"黄皮书"主要介绍世界各国和国际组织的语言生活状况，为我国的语言文字治理和语言政策研究提供参考借鉴，并努力在国际语言生活中发出中国声音。

"语言生活皮书"是开放的，发布的内容不仅局限于工作层面，也吸纳社会优秀成果。许嘉璐先生为"语言生活绿皮书"题字。国家语委历任领导都很关心"语言生活皮书"的编辑出版工作。相关课题组为皮书做出了贡献，一些出版单位和社会人士也给予了支持与关心。在此特致谢忱！

国家语言文字工作委员会

目 录

特 稿 ··· 001

习近平致甲骨文发现和研究 120 周年的贺信 ······················· 003
陈宝生在纪念甲骨文发现 120 周年座谈会上的发言 ············· 004
陈宝生在 2019 年国际中文教育大会开幕式上的讲话 ··········· 007
谱写国家通用语言文字推广普及新篇章——田学军在第 22 届推普周
　期间发表的署名文章 ··· 010
田学军在"语言智能与语言多样性"国际语言文化论坛开幕式上的
　致辞 ·· 013
新中国语言文字事业 70 年 ··· 016

第一部分　年度重点工作 ··· 035

推普助力脱贫攻坚行动 ·· 037
　一　工作机制建设 ··· 037
　二　重点人群培训 ··· 039
　三　学习资源研发 ··· 041
　四　大学生社会实践活动 ·· 042
　五　地方工作经验 ··· 044
　六　语言扶贫研究 ··· 046

纪念甲骨文发现 120 周年 ··· 047
　一　总书记致信祝贺甲骨文发现和研究 120 周年 ··············· 047
　二　纪念甲骨文发现 120 周年座谈会 ······························· 048
　三　纪念甲骨文发现 120 周年国际学术研讨会 ·················· 049
　四　"证古泽今"甲骨文文化展 ·· 049

目录

　　五　"甲骨春秋"主题纪念 …………………………………… 050
　　六　媒体关注引发社会"甲骨文热" ……………………… 050

第22届全国推广普通话宣传周 …………………………………… 052
　　一　弘扬爱国情怀 …………………………………………… 052
　　二　打造宣传矩阵 …………………………………………… 053
　　三　动员多方参与 …………………………………………… 054
　　四　推动事业发展 …………………………………………… 055

语言文字规范化标准化信息化建设 ……………………………… 057
　　一　当代汉语音韵规范 ……………………………………… 057
　　二　义务教育词汇规范 ……………………………………… 057
　　三　外语词中文译写规范 …………………………………… 058
　　四　语言文字信息化工程项目 ……………………………… 060
　　五　语言文字规范标准培训 ………………………………… 062

中华经典诵读工程 ………………………………………………… 063
　　一　加强统筹规划 …………………………………………… 063
　　二　组织品牌活动 …………………………………………… 064
　　三　强化师资培训 …………………………………………… 065
　　四　促进交流合作 …………………………………………… 066

中国语言资源保护工程 …………………………………………… 068
　　一　田野调查 ………………………………………………… 068
　　二　数据采录 ………………………………………………… 069
　　三　成果出版 ………………………………………………… 070
　　四　语保研究 ………………………………………………… 070
　　五　国际影响 ………………………………………………… 071
　　六　总结表彰 ………………………………………………… 071

语言文字国际交流与合作 ………………………………………… 073
　　一　中华思想文化术语传播工程 …………………………… 073
　　二　第三届中国北京国际语言文化博览会 ………………… 075
　　三　双边与多边语言文字国际交流合作 …………………… 076
　　四　文字转写国际标准议案应对 …………………………… 077

五　语言生活皮书出版和外译 …………………………………… 078

语言文字工作机构队伍建设 …………………………………… 079
　　一　国家语委科研机构建设 …………………………………… 079
　　二　国家语言文字推广基地建设 ……………………………… 081
　　三　省级语言文字工作机构状况 ……………………………… 082
　　四　语言文字工作与科研队伍建设 …………………………… 084

第二部分　委员单位工作 …………………………………… 087

首届国际中文教育大会 …………………………………………… 089
中央文献对外翻译 ………………………………………………… 093
中国特色话语外译传播 …………………………………………… 096
民族语文事业与双语学习 ………………………………………… 100
青少年中华语言文化传承活动 …………………………………… 103
地名普查与地名文化传承 ………………………………………… 105
手语和盲文规范化标准化信息化建设 …………………………… 109
科技名词审定 ……………………………………………………… 112

第三部分　地方特色工作 …………………………………… 115

广西推普脱贫攻坚成效显著 ……………………………………… 117
四川精准推普助力精准脱贫 ……………………………………… 119
云南推广运用"语言扶贫"APP …………………………………… 121
新疆生产建设兵团加强国家通用语言文字教学与普及 ………… 123
山西强化语言文字工作督导评估 ………………………………… 125
上海实施学生阅读行动 …………………………………………… 127
江西推动高校语言文字工作体制改革 …………………………… 129
浙江注重四个"结合"抓实语保工程 …………………………… 131
北京建设冬奥会语言服务环境 …………………………………… 133
江苏开展旅游景区外文译写规范调研 …………………………… 135
广东深化语言研究服务区域与国家发展 ………………………… 136
河北推进京津冀语言文字工作协同发展 ………………………… 138

目　　录

重庆加强语言文字科研工作……………………………………………… 140

第四部分　年度统计………………………………………………… 141

语言文字法律法规与规章………………………………………………… 143
语言文字规范标准………………………………………………………… 145
国家通用语言文字水平测试……………………………………………… 147
国际中文教育……………………………………………………………… 149
语言文字人才培养与科学研究…………………………………………… 152
特殊人群语言服务………………………………………………………… 158

第五部分　附　　录………………………………………………… 161

关于印发《国家语言文字工作委员会办公室关于加强语言文字培训
　　工作的管理办法》的通知…………………………………………… 163
教育部　国家语委关于表彰"中国语言资源保护奖"先进集体和先进
　　个人的决定…………………………………………………………… 166
2019年语言文字工作大事记……………………………………………… 172

Contents

Special Reports ·· 001
    A Congratulatory Letter from President Xi Jinping on the 120th Anniversary of the Discovery and Research of Oracle Bone Inscriptions ······ 003
    Education Minister Chen Baosheng's Speech at the Symposium to Commemorate the 120th Anniversary of Discovery of Oracle Bone Inscriptions ·· 004
    Speech by Chen Baosheng at the Opening Ceremony of the 2019 International Chinese Education Conference ···························· 007
    Composing a New Chapter in the Promotion and Popularization of the Standard Spoken and Written Chinese Language: An Article by Tian Xuejun during the 22nd National Week on Putonghua Promotion ······ 010
    Speech by Tian Xuejun at the Opening Ceremony of the International Language and Culture Forum on "Language Intelligence and Language Diversity" ··· 013
    Major Language Affairs of the People's Republic of China in the Past 70 Years ··· 016

Part I   Annual Focus ··· 035
    Putonghua Promotion Contributing to Poverty Alleviation ················ 037
        I. Construction of Working Mechanism ···································· 037
        II. Training of Focus Targeted Groups ····································· 039
        III. Development of Learning Resources ·································· 041
        IV. Social Practice of College Students ···································· 042
        V. Experiences of Local Governments ···································· 044
        VI. Study on Language-aided Poverty Alleviation ····················· 046
    Commemorating the 120th Anniversary of the Discovery of Oracle Bone Inscriptions ··· 047
        I. President Xi Jinping Sending a Congratulatory Letter on the 120th

Contents

Anniversary of the Discovery and Research of Oracle Bone
Inscriptions 047
II. Forum on Commemorating the 120th Anniversary of the Discovery
of Oracle Bone Inscriptions 048
III. International Academic Conference on Discovery of Oracle Bone
Inscriptions 049
IV. Cultural Exhibition of Oracle Bone Inscriptions 049
V. Thematic Commemorating Activities on Oracle Bone Inscriptions ... 050
VI. Media Reports Arousing Social Attention on Oracle Bone Inscriptions ... 050

The 22nd National Week on Putonghua Promotion 052
I. Highlighting Patriotism 052
II. Constructing Publicity Matrix 053
III. Mobilizing Multi-Party Participation 054
IV. Contributing to the Development of Language Cause 055

**Development of Language Normalization, Standardization and
Informatization** 057
I. Phonological Norms of Modern Chinese 057
II. Lexicon for Compulsory Education 057
III. Guidelines for Chinese Translation from Foreign Languages 058
IV. Informatization Project of Chinese Language and Characters 060
V. Training on Language Standards and Norms 062

Project of Chanting and Reciting Chinese Classics 063
I. Strengthening Overall Planning 063
II. Organizing Branded Events 064
III. Reinforcing Teacher Training 065
IV. Promoting Exchange and Cooperation 066

Project of China's Language Resource Protection 068
I. Field Work 068
II. Data Collection 069
III. Publication 070
IV. Research on Language Protection 070
V. International Impact 071
VI. Work Summary and Medal Award 071

International Exchange and Cooperation 073
I. Project of Chinese Philosophical and Cultural Terms Transmission ... 073

II. The Third China Beijing International Language and Culture Exposition
　　　　.. 075
　　III. International Bi-Lateral and Multi-Lateral Exchange and Cooperation
　　　　on Language Issues 076
　　IV. Responding to International Standards of Literal Transcription 077
　　V. Translation and Oversea Publication of Language Situation Paper Book
　　　　Series 078
Construction of Agencies and Institutions on Language Affairs 079
　　I. Construction of Research Centers of National Language Commissions ... 079
　　II. Construction of National Language Promotion Institutions 081
　　III. Current State of Provincial Agencies and Institutions on Language Affairs
　　　　.. 082
　　IV. Development of Research Force on Language Issues 084

Part II Annual Work of Member Units of National Language Commissions
　　.. 087
　　The First International Chinese Language Education Conference 089
　　Translation of Documents from Central Organs of the Party and
　　　　Government 093
　　Translation and International Publicity of Discourse with Chinese
　　　　Characteristic 096
　　Language Affairs of Ethnic Groups and Bilingual Education 100
　　Inheritance and Communication of Language and Culture Among Youth ... 103
　　Census and Culture Inheritance of Geographical Names 105
　　Normalization, Standardization and Informatization of Sign Languages
　　　　and Braille 109
　　Terminology Validation of Science and Technology 112

Part III Regional Features 115
　　Language-aided Poverty Alleviation Action Proved Effective in Guangxi
　　　　.. 117
　　Targeted Putonghua Promotion Contributing to Targeted Poverty
　　　　Alleviation in Sichuan 119
　　Yunnan Applying and Promoting Mobile APPs in Language-aided
　　　　Poverty Alleviation Action 121

Xinjiang Production and Construction Corps Promoting Education
　　of National Common Language and Characters 123
Shanxi Strengthening Supervision and Evaluation on Work Related to
　　Language Affairs 125
Shanghai Conducting Student Reading Promotion Action 127
Jiangxi Conducting Institutional Reforms on Language Issues in
　　Colleges and Universities 129
Zhejiang Implementing Language Protection Project with
　　"Four Combination" 131
Beijing Upgrading Language Service Environment for Winter
　　Olympics 2022 133
Jiangsu Launching Survey on Foreign Language Translation Standards
　　for Tourist Attractions 135
Guangdong Strengthening Language Research in Service of Regional
　　and National Development 136
Hebei Promoting Coordinated Development of Language Cause in
　　Beijing-Tianjin-Hebei Area 138
Chongqing Strengthening Scientific Research on Language Issues ... 140

Part IV　Annual Statistics 141
　　Relevant Laws and Regulations 143
　　Relevant Standards and Norms 145
　　National Common Language Proficiency Test 147
　　International Chinese Language Education 149
　　Training of Language Talents and Scientific Research 152
　　Language Service for Population with Special Needs 158

Part V　Appendices 161
　　Notice of the National Language Commission on Issuing "Administrative
　　　Measures of the National Language Commission for Strengthening
　　　Language Training" 163
　　Decision of Ministry of Education and National Language Commission
　　　on Commending Excellent Teams and Individuals with China
　　　Language Resources Protection Award 166
　　Major Events of Language Work in 2019 172

特　　稿

习近平致甲骨文发现和研究 120 周年的贺信

值此甲骨文发现和研究 120 周年之际,我谨向长期致力于传承弘扬甲骨文等优秀传统文化的专家学者们表示热烈的祝贺,并致以诚挚的问候!

殷墟甲骨文的重大发现在中华文明乃至人类文明发展史上具有划时代的意义。甲骨文是迄今为止中国发现的年代最早的成熟文字系统,是汉字的源头和中华优秀传统文化的根脉,值得倍加珍视、更好传承发展。

新中国成立 70 年来,党和国家高度重视以甲骨文为代表的中华优秀传统文化传承和发展,多部门多学科协同开展甲骨文研究和应用,培养了一批跨学科人才,经过几代人辛勤努力,甲骨文研究取得显著成就。新形势下,要确保甲骨文等古文字研究有人做、有传承。希望广大研究人员坚定文化自信,发扬老一辈学人的家国情怀和优良学风,深入研究甲骨文的历史思想和文化价值,促进文明交流互鉴,为推动中华文明发展和人类社会进步作出新的更大的贡献。

习近平

2019 年 11 月 1 日

陈宝生在纪念甲骨文发现120周年座谈会上的发言

教育部部长 陈宝生

2019 年 11 月 1 日

  教育部和国家语委作为"甲骨文等古文字研究与应用"专项工作牵头单位，坚持"统筹规划、协同攻关，拓宽视野、重点扶持，注重基础、创新发展"原则，会同有关部门奋进有为，推动专项工作取得明显成效。

  加强统筹协调，建立协同推进机制。2017 年，教育部（国家语委）会同文化和旅游部、科技部、国家文物局等相关部门，共同制定实施方案，建立了协同工作机制。为做好甲骨文发现 120 周年纪念活动，工作机制新增了中央宣传部、中国社会科学院和河南省人民政府等，目前达到 8 个单位。工作中，注重加强顶层设计，合理配置资源，统筹发挥教育系统人才优势、文化系统文博资源优势和科技系统技术创新优势，协同联动形成合力；注重提供学术支撑和专业指导，成立了由古文字、历史、文化、考古等专业领域著名学者组成的专家委员会，负责研究重大学术问题并审定有关科研项目。工作机制的建立和完善，为项目的推进和重大攻关的突破汇聚了各方力量，集聚了优势资源，协同效应已逐步显现出来。

  加大科研力度，推进平台和基地建设。2017 年以来，国家语委共设立"人工智能识别古文字软件系统研发与建设"等研究项目 30 多个。教育部人文社科项目支持的甲骨学在研项目有 11 项。加大对清华大学出土文献与中国古代文明研究协同创新中心、北京大学中国古代史研究中心，以及复旦大学出土文献与古文字研究中心、首都师范大学甲骨文研究中心等平台的指导和支持力度。在安阳师范学院立项建设"甲骨文信息处理创新团队"和"甲骨文信息处理"教育部重点实验室。在郑州大学建立国家语委"汉字文明传承传播与教育研究中心"。所有这些，都为甲骨文研究和传播汇聚了一批专门机构、专属团队和专业力量。

做好宣传普及，服务现代社会应用。2017年10月，甲骨文成功入选联合国教科文组织"世界记忆名录"。抓住并用好这一重要契机，我部牵头在故宫博物院举办了发布会和高峰论坛。2018年，在北京国际语言文化博览会上举办了甲骨文创意设计展。今年策划组织了纪念甲骨文发现120周年系列活动，在河南安阳举办了国际学术研讨会，在国家博物馆举办"证古泽今——甲骨文文化展"，制作甲骨文专题纪录片等，向社会广泛宣传推广甲骨文。形式多样的宣传普及活动，让刻在甲骨上的文字"活"了起来，让甲骨文从专业人员走进了社会大众和广大青少年，从"象牙塔"走入了文艺作品、博物馆的展示柜，从冷门变得越来越受关注。

甲骨文等"绝学"、冷门学科的发展有其自身规律和特点，也面临一些困难和挑战，需要我们持续努力，久久为功。下一步，教育部、国家语委将认真学习贯彻习近平总书记对甲骨文发现120周年贺信精神，坚定文化自信，深入研究甲骨文的历史思想和文化价值，促进以甲骨文为代表的中华优秀传统文化传承和发展。按照孙春兰副总理重要讲话要求，继续会同有关部门加大力度，重点做好以下四方面工作。

一是深入攻关，突破重点领域和关键环节。目前甲骨文释读等方面有待进一步研究和突破。我们将认真落实"甲骨文等古文字研究与应用实施方案"各项任务，加大协同推进和指导力度。重点推进《甲骨刻辞类纂新编》《甲骨文字考释集成》以及大型现代字典类工具书《字源》的出版、甲骨文全文数据库建设、甲骨文国际编码和字库研发等工作，力争在甲骨文释读等瓶颈问题上有新的突破。

二是汇聚力量，创新研究方法和技术手段。方法和技术升级是取得新突破的重要因素。指导成立高层次甲骨学研究战略联盟。以重大项目为引领促进多学科联合攻关，推动国际交流合作。借助信息处理、精密仪器等高新科技方法和手段，提升甲骨缀合、甲骨文分期断代研究水平。推动文博单位建设馆藏甲骨高清晰全息数据库，推动甲骨文等信息资源的开放共享。

三是着眼长远，加强人才培养和学科建设。甲骨文研究是一项长期工程，需要不断积蓄力量，储备人才，确保后继有人。注重培养高层次专门人才和学术梯队建设，特别是跨学科复合型拔尖人才，科学规划培养规模。促进学科交叉融合，将甲骨学研究从文字、历史、考古等学科领域拓展到文化、哲学、社会、军事、天文、地理等社会科学和自然科学领域。推动《甲骨文与殷商史》集刊和《殷都学刊》等专业期刊进一步办出特色和水平。完善冷门学科评估机制，努力摈弃以出版社和刊物的不同判断成果质量的简单做法。

四是注重应用，抓好内涵挖掘和传承转化。如何把几千年前的宝贵遗产有效转化为今天的育人资源，是必须完成好的时代课题。指导和推进教育部重大项目"甲骨文对中华思想文化的影响和作用研究"，深入发掘甲骨文等古文字所蕴含的历史思想文化价值，探究几千年发展形成的中华民族深厚文化传统和富有特色的思想文化体系，分析中华思想文化精神内涵，阐释中国特色社会主义所植根的文化沃土和历史渊源。落实立德树人根本任务，做好甲骨文在教育领域的提炼、转化和融合工作，让甲骨文的文化元素成为育人元素，在学校有关教材编写、文化传承基地建设中得到充分体现，为弘扬中华优秀传统文化、坚定"四个自信"作出新的更大贡献。

陈宝生在 2019 年国际中文教育大会开幕式上的讲话

教育部部长　陈宝生
2019 年 12 月 9 日

尊敬的孙春兰副总理,
尊敬的杜家毫书记、许达哲省长、许又声主任,
各位来宾、各位代表,
女士们、先生们、朋友们:

在 2019 年国际中文教育大会隆重开幕之际,我谨代表中国教育部致以热烈的祝贺!对各位来宾和代表表示热烈的欢迎!对长期以来大力支持和热情参与国际中文教育事业的中外各界朋友表示由衷的感谢!向精心筹备本次大会的湖南省政府和学校表示诚挚的谢意!

语言教育是教育事业的重要内容,国际中文教育是世界各国民众学习中文、了解中国的有效途径。中国是中文的母语国,中国教育部在大力提倡和积极推进中国青少年学好外语、用好外语的同时,高度重视并积极推动国际中文教育事业的发展。早在 1962 年,我们就创办了以教授来华留学生为主要职能的北京语言大学。1987 年,我们支持设立了旨在促进国际中文教育交流和协作的世界汉语教学学会。特别是从 2004 年开始,我们支持中外高校合作举办孔子学院,受到各国民众的热烈欢迎。10 多年来,中国教育部共支持中方各级各类学校向世界各国派出 11.5 万名中文教师和志愿者,赠售 3000 多万册中文教材和文化读物,累计提供 4.9 万个培养本土中文教师的奖学金名额,接待 20 万名各国师生通过"汉语桥"夏令营项目来华交流体验。目前,在华各类留学生达 50 万人,为全球 800 多万中文学习者提供汉语水平考试和认证服务,有力地推动了国际中文教育事业发展。

以孔子学院为龙头的国际中文教育事业,是中外双方的共同事业。习近平

主席指出，孔子学院属于中国，也属于世界，是世界认识中国的重要平台。我愿在此重申，孔子学院的宗旨和使命是帮助各国人民学习中文，促进中外人文交流，增进中外人民友谊，推动多元多彩的世界文明发展，为构建人类命运共同体作贡献。孔子学院是在外方确有需求、自愿申请、具备办学条件的前提下，由中外双方按照相互尊重、友好协商、平等互利的原则，共同签署具有法律效力的合作协议之后设立的。在实际办学过程中，孔子学院始终坚持教育属性，聚焦中文主业，立足学校，面向社区，服务社会，合法合规运行，公开透明运作，是一项伟大的、阳光的教育事业，是促进民心相通、交流互鉴的文化事业。中国教育部支持中外双方高校和社会各界共同办好孔子学院的态度，是坚定不移的，是一以贯之的——此前如此，今后也是如此！

各位来宾、各位代表！

我们身处一个世界多极化、经济全球化、社会信息化、文化多样化的新时代，接受更好的教育，谋求更好的发展，是各国人民的迫切要求和共同呼声。新时代新使命，中国教育部将继续深入贯彻中国政府关于优先发展教育事业的大政方针，深化教育改革，加快推进教育现代化，构建服务全面终身学习的教育体系，办好人民满意的教育；将继续扩大教育开放，完善教育国际交流合作格局，加强外语学科和外语教育体系建设，大批培养具有全球视野、通晓国际规则、熟练应用外语的国际化人才；将继续适应各国民众学习中文热情持续高涨的现实，配合支持各国各类中文教育项目，为全球中文学习者提供更多、更好的优质服务。

未来2—3年，中国教育部将重点采取6项新举措，支持国际中文教育事业可持续高质量发展：

一是健全和完善国际中文教育本硕博学科体系，支持中国高校独立设置专业博士学位，大幅增加专业博士名额，重点录取中外优秀青年中文教师，积极培养兼具教学和研究能力的复合型高级国际中文教育人才。

二是支持中国高校创办国际中文教师学院，配合外国高校设立中文师范院系专业，既招收学历生，又开展各种专业化培训，提升各国中文教师的语言教学能力、跨文化交际能力和本土工作适应能力。

三是会同相关部门研究制定提高中方外派中文教师及志愿者待遇的政策，进一步增强外派中文教师岗位的吸引力。同时，支持各国孔子学院选拔聘用更多的本土中文教师。

四是支持中外专家联合实施精品教材工程，编写具有全球通用性和本土适应性相结合的中文教材。加强数字资源建设，升级网络孔子学院，办好全球中文学习平台，为各国中文学习者创造人人可学、时时可学、处处可学的机会。

五是完善国际中文教育系列标准，加强教学质量评估监测，制定将汉语水平考试（HSK）成绩作为各国青年来华留学重要依据的政策。支持各国中文院系、孔子学院等中文教育机构承担来华留学中文预科班的职能。

六是继续支持和鼓励中国及世界各国各类学校、企业、社会组织及个人积极参与，特别是支持和鼓励中外高校通过共同创办基金会等多种方式，更多参与孔子学院建设与国际中文教育工作，更好、更充分地发挥办学主体作用。

各位来宾、各位代表！

国际中文教育是一项适应各国需求、造福各国民众的事业。包括现场各位来宾和代表在内的中外各界朋友和广大国际中文教育工作者，都是这项伟大事业的参与者、推动者。站在新的历史起点上，让我们携手并肩、同心同德推动国际中文教育事业可持续高质量发展，积极促进中外人文交流和人民友谊，努力为推动多元多彩的世界文明发展、构建人类命运共同体作出新的更大的贡献！

最后，祝愿大会圆满成功！祝愿各位嘉宾和代表身体健康、万事如意！谢谢大家！

谱写国家通用语言文字推广普及新篇章

——田学军在第 22 届推普周期间发表的署名文章

教育部副部长、国家语委主任　田学军

推广普及国家通用语言文字，是语言文字事业发展的核心任务。筚路蓝缕七十载，风雨兼程谱华章。70 年来，在党中央、国务院坚强领导下，语言文字事业始终围绕推广普及国家通用语言文字这条主线，从政策法制、规范标准、宣传教育、督导评估等方面采取一系列措施，坚定不移推广普及国家通用语言文字，取得历史性成就。截至目前，普通话在全国范围内普及率接近 80%，识字人口使用规范汉字的比例超过 95%，文盲率从新中国成立之初的 80% 以上下降至 4% 以下，各民族各地区交流交往的语言障碍基本消除。国家通用语言文字的推广普及，极大地促进了国家经济建设和教育、科技、文化等社会事业发展，为维护国家统一和民族团结、提高国民素质和社会文明程度发挥了不可替代的重要作用，为全面建成小康社会奠定了坚实的基础。

70 年来，党中央把握基本国情，坚持把推广普及国家通用语言文字作为国家基本语言政策之一，领导和推动了国家通用语言文字推广普及工作的蓬勃发展。新中国成立之初，中央确定简化汉字、推广普通话、制定和推行汉语拼音方案为语言文字工作的三大任务。改革开放后，中央提出了促进语言文字规范化、标准化的工作目标。1982 年，"国家推广全国通用的普通话"写入《宪法》。2000 年，《国家通用语言文字法》颁布，进一步明确了普通话和规范汉字作为国家通用语言文字的法律地位。党的十八大以来，以习近平同志为核心的党中央高度重视语言文字工作，习近平总书记关于"推广国家通用语言文字，努力培养爱党爱国的社会主义事业建设者和接班人"等重要论述，为新时代语言文字工作指明了方向，提供了根本遵循。党和国家推广国家通用语言文字的政策是清晰明确、一以贯之的，历史和实践证明，这一基本语言政策是完全正确的。

70年来，语言文字战线深入贯彻落实党中央决策部署，不忘初心、牢记使命，开拓创新、接续奋斗，积极动员全社会广泛参与，共同推动语言文字工作依法治理和社会共治，推进语言文字规范标准建设与推广应用，促进中华优秀语言文化传承和发展。经过70年艰苦努力，我国形成了较为完备的语言文字法律法规体系，治理体系和治理能力现代化水平明显提升；语言文字规范标准日益完善，在文化教育、新闻出版、信息技术和人工智能等领域发挥了重要作用；中华优秀语言文化传承精彩纷呈，汉语国际交流传播快速发展，语言资源保护开发取得积极成果，进一步夯实了国家通用语言文字推广普及工作的发展基础。

进入新时代，语言文字战线要深入学习贯彻习近平新时代中国特色社会主义思想，牢牢把握新时代国家通用语言文字推广普及工作新目标新任务新要求，坚持依法推广、精准施策、遵循规律、创新发展，着力解决国家通用语言文字推广普及中存在的发展不平衡、不充分等问题，以高昂的工作姿态，砥砺奋进新时代，勇担使命续新篇。

持续提升学校的推普主阵地作用，大力加强幼儿园和小学阶段的普通话教育教学，深入实施"学前学会普通话"行动、幼儿普通话教育项目"童语同音计划"，让孩子们在语言学习关键期学会普通话，使每一个完成义务教育的学生都能比较熟练地掌握国家通用语言文字，有效控制不会国家通用语言文字人口"增量"。深入研究国家通用语言文字学习规律和教学规律，加强教师国家通用语言文字核心素养和教学技能培训，针对不同群体需求组织开发有针对性的优质学习资源，不断提升教师的教学能力水平，不断提升学生的学习兴趣、学习质量、学习效益。围绕立德树人根本任务，促进国家通用语言文字教育教学与学校德育、智育、美育有机融合，充分发挥国家通用语言文字打好青少年人生底色的基础性作用。

紧紧围绕坚决打赢脱贫攻坚战，充分发挥普通话提高劳动力基本素质的重要作用。推动"国家通用语言文字普及攻坚工程""推普脱贫攻坚行动计划"有效实施。进一步健全完善工作机制，压实地方政府主体责任，统筹协调各方面力量资源，精准聚焦农村、民族、边远地区特别是"三区三州"贫困群众的实际需求，不断激发他们学习普通话、积极致富奔小康的内生动力，推动培训活动与群众实际需求精准对接互动，使贫困群众有地方学、愿意学、学得好、用得上，逐步减少不会国家通用语言文字人口"存量"，为打赢脱贫攻坚战和全面建成小康社会助力。

特　稿

　　加强组织领导和统筹规划，加大政策支持和条件保障力度，提升国家通用语言文字推广普及"质量"。更好地发挥党政机关带头作用、学校基础作用、新闻媒体示范作用、公共服务窗口作用。不断创新国家通用语言文字推广宣传的载体，以推普周等活动为抓手，增强宣传实效。加快培训测试体系、应用服务体系建设，全面提升国家通用语言文字服务能力。充分发挥国家通用语言文字传承发展中华优秀传统文化的载体作用，以文育人、以文化人、以文培元、以文铸魂。加强语言文化国际交流与传播，打造品牌，讲好中国故事，传播好中国声音，推动中华优秀语言文化走向世界。

　　《国家语言文字事业"十三五"发展规划》提出"到2020年，在全国范围内基本普及国家通用语言文字"的发展目标。如期实现这一目标，意味着中华民族"书同文、语同音"的千年梦想，将在中国共产党领导下的当代中国成为现实。这是中国语言文字事业发展的重要里程碑。让我们在以习近平同志为核心的党中央坚强领导下，不忘初心、牢记使命，以时不我待、只争朝夕的实干精神，不负荣光、奋发进取，确保这一目标如期实现，谱写新时代语言文字事业发展的新篇章。

（本文原载于《光明日报》2019年9月17日09版）

田学军在"语言智能与语言多样性"国际语言文化论坛开幕式上的致辞

教育部副部长、国家语委主任　田学军
2019 年 10 月 25 日

中国北京国际语言文化博览会已经举办两届,在国内外产生广泛影响,成为国家语言文字领域展示、交流的一个重要平台。今年是中华人民共和国成立 70 周年,在这一背景下举办第三届中国北京国际语言文化博览会,具有更加特殊重要的意义。

今年的语博会,作为第 22 届北京科技产业博览会的重要组成部分,与往年相比,内容更加丰富,特点更加突出。举办"语言智能与语言多样性"国际语言文化论坛,聚焦语言智能和语言多样性,汇集语言与科技、语言与文化等方面的专家学者和最新研究成果。在此,我谨代表中国教育部、国家语言文字工作委员会,对第三届语博会和本次论坛的举办表示热烈祝贺!向出席会议的各位专家学者、各位来宾致以诚挚的问候!

当前,新一代人工智能在全球范围内蓬勃兴起,为经济社会发展注入了新动能,正在深刻改变人们的生产生活方式。国家语委对语言智能的研究应用高度重视,近年来,积极推动语言文字信息处理技术取得重要进展,在文字识别、语音合成、机器翻译、网络搜索引擎等领域,大批高水平、实用化的应用成果不断涌现;重点支持面向机器翻译、智能辅助语言学习的语音和文字识别、语言理解等智能化关键技术研究,并推动研究成果的转化。

在语言多样性方面,中国是一个多民族国家,也是一个多语言、多方言、多文种的国家,56 个民族使用着 100 多种语言、29 种文字。中国将多样性的语言文字视作宝贵的国家资源,通过大力推广和规范使用国家通用语言文字、科学保护各民族语言文字、发展语言教育、完善语言服务、传承语言文化,使我国多样性的语言资源在促进经济发展、维护社会稳定、推动文化建设、保障国家安全等各方面发挥积极作用。2015年，我们组织实施了世界上规模最大的语言资源保护项目"中国语言资源保护工程"。工程实施五年来，对全国1700个调查点的汉语方言和少数民族语言进行了系统采集和整理，成效显著。2018年9月，中国政府和联合国教科文组织在中国长沙共同举办了首届世界语言资源保护大会，讨论并通过了《岳麓宣言》，这是联合国教科文组织首个以"保护语言多样性"为主题的宣言，是一项具有里程碑意义的历史性成果，将对指导世界各国和地区保护语言资源和语言多样性工作发挥重要作用。

当前，中国特色社会主义已经进入新时代，当今世界正处于百年未有之大变局。国家语言文字工作将以习近平新时代中国特色社会主义思想为指导，深入贯彻落实全国教育大会精神，落实立德树人的根本任务；将立足于"两个一百年"奋斗目标、构建人类命运共同体等国内和国际形势的大视野，聚焦重点，抓住机遇，加快推进语言文字事业发展，不断提升国家语言能力，更好地服务国家经济社会发展。

语博会的主题是"语言，让世界更和谐，文明更精彩"。语言文化的交流有助于增信释疑、沟通情感，构筑人类包容和谐的精神家园。为此，希望我们在以下几个方面共同努力：

一是加强交流合作，推进文明互鉴。要尊重世界文明多样性，以文明交流超越文明隔阂、文明互鉴超越文明冲突、文明共存超越文明优越。尊重各国语言文化特色和优势，互学互鉴、取长补短，提升跨文化交流能力，促进各种文明和谐共生，共享发展成果，推动人类的繁荣发展。

二是进一步推动语言与科技的融合。以社会需求为导向，强化基础研究，大力推动语言研究与智能研究的深度融合，迎接智能时代到来。在技术交流、数据共享、应用市场等方面开展交流合作，共享数字经济发展机遇，将语言信息化、语言智能成果转化为便民、惠民的实际应用。

三是科学保护语言资源。认真落实联合国教科文组织发布的《岳麓宣言》有关内容，充分利用现代科技手段，实施科学保护、全面保护和规范保护，努力实现有效保护和持续保护。合理利用语言资源，积极开发语言文化产品，更好满足民众需求。

四是进一步重视语言能力建设。更好地服务于人类共同发展目标的实现，注重社会、国民的语言交流和使用需求，加强语言规划，提升语言服务能力。

积极应对信息时代对语言生活的影响,探索提高语言能力的途径,创新语言服务方式。

  语言文字是促进文明交流互鉴的纽带,语言铺路、文化架桥。语言文化源远流长,科技发展日新月异。让我们携手前行,共同努力,不断提升交流与合作水平,把语言文化基因的无限潜力和当代科技促进人类进步的强大动力有机结合,为服务人类社会、创造人类福祉开辟更广阔的智能空间,为建设多语和谐、共同发展的世界做出积极贡献!

新中国语言文字事业 70 年

新中国成立 70 年来,在党中央和国务院的高度重视下,我国语言文字事业取得重大成就。从"文字改革"到"语言文字工作"再到"语言文字事业",语言文字战线紧紧围绕中华民族站起来、富起来、强起来对语言文字的迫切需求,主动服务国家发展战略,不忘初心、接续奋斗,不断创新工作理念、扩大工作视野、深化工作内容,为经济发展、社会进步、科技腾飞、文化繁荣、国家统一、民族团结做出重要贡献。

一 文字改革

新中国成立初期,面对百业待兴的建设需求和文盲率高达 80% 的严峻形势,我国通过文字改革"三大任务"——简化汉字、推广普通话、制定和推行汉语拼音方案,以及促进现代汉语规范化、创制改进少数民族文字等,助力扫盲工作和教育普及,快速提升广大人民群众的科学文化素质。

(一)方针政策

新中国成立前,中国共产党筹备召开中国人民政治协商会议,共商新中国建国大计。在这一形势下,全国语言文字专家呼吁重启一度沉寂的文字改革。1949 年 8 月 25 日,吴玉章写信给毛泽东主席,请示对当前文字改革工作的指导原则,毛泽东主席将信转给郭沫若、马叙伦、沈雁冰审议。郭沫若等答复后,毛泽东主席复信吴玉章。这些信件对文字改革的方针、原则、内容和步骤等都提出了基本意见,对确定新中国文字改革方针具有重要意义。

1955 年 10 月 15—23 日,全国文字改革会议召开,会议总结新中国成立以来的文字改革工作,确立文字改革的方针,促进工作全面发展。会上,吴玉章阐述了简化汉字采取"约定俗成,稳步前进"的方针,提出推广以北京语音为标准音的普通话;教育部部长张奚若在报告中提出了推广普通话采取"重点推行，逐步普及"的方针和具体措施。1956年1月27日，中共中央发布《关于文字改革工作问题的指示》，明确文字改革的方针、汉字简化的原则和步骤、推广普通话的主要措施。

随着工作的推进，社会上对文字改革产生一些误解和疑虑。1958年1月10日，周恩来总理在政协全国委员会举行的报告会上做《当前文字改革的任务》的重要报告，阐述文字改革的"三大任务"。报告指出，汉字简化工作是对历史上流行的简字的整理和规范；推广普通话是为了消除方言之间的隔阂，而不是禁止和消灭方言；汉语拼音方案是用来为汉字注音和推广普通话的，并不是用来代替汉字的拼音文字；关于汉字的前途问题，现在还不忙做出结论，可以争鸣，但不属于当前文字改革的任务范围。报告是这一时期党和国家语言文字方针政策的集中体现。

（二）工作机构

在毛泽东主席的支持下，经过一系列的准备，1949年10月10日中国文字改革协会成立。1952年2月5日，根据周恩来总理的指示，在政务院文化教育委员会下成立中国文字改革研究委员会。1954年10月8日，第一届全国人民代表大会常务委员会第二次会议批准设立中国文字改革委员会（以下简称"文改会"），作为国务院直属机构。为加强党对文字改革工作的领导，1953年10月1日党中央成立中央文字问题委员会，胡乔木任主任；1956年3月成立中央推广普通话工作委员会，陈毅任主任。

"文化大革命"期间，文改会工作停顿，1975年9月恢复。期间，为继续推进相关工作，1972年曾在中国科学院设文字改革办公室。

为了对汉语及其有关的语言问题进行基础研究和理论研究，服务现代汉语规范化，1950年中国科学院语言研究所在北京成立。为加强少数民族语言文字研究，1956年中国科学院少数民族语言研究所成立。为加强研究和解决语言文字的应用问题，1984年语言文字应用研究所成立。

（三）文字改革"三大任务"

整理和简化汉字。发布《常用字表》(1952)、《第一批异体字整理表》(1955)、《汉字简化方案》(1956)、《简化字总表》(1964)、《印刷通用汉字字形表》(1964)等系列字表，取得重大成果；开展更改地名生僻字、整理汉字查字法、统一部分计量单位名称用字、统计分析姓氏人名用字等系列工作,取得重要进展。此外,1977年发布试行《第二次汉字简化方案(草案)》,后为使汉字形体在一个时期内保持相对稳定,以利社会应用和纠正当时社会用字的混乱现象,于1978年停止试行、1986年废止。

推广普通话。1956年国务院发布《关于推广普通话的指示》,明确普通话的标准——"以北京语音为标准音,以北方话为基础方言,以典范的现代白话文著作为语法规范";提出各行各业推广普通话的要求,特别要求从1960年起小学和师范学校各科用普通话教学。1957年教育部、文改会召开全国普通话推广工作汇报会,确定推普方针——"大力提倡,重点推行,逐步普及"。之后,从中央到地方,通过举办普通话研究班、进修班,召开推广普通话工作汇报会、普通话教学成绩观摩会,举办普通话语音教学广播讲座和电视教学讲座等形式,以学校、新闻单位、党政机关、军队、共青团等为重点,逐步向商业、交通、铁路、邮电等系统辐射,大力推广普通话。为帮助普通话教学,1956—1958年组织开展了全国性的方言调查,共调查1800多个点,编写320种指导各方言区群众学习普通话的小册子,这是新中国历史上第一次全国性语言普查[①]。1982年12月,"国家推广全国通用的普通话"写入我国《宪法》,为推广普通话提供了根本法律遵循,学校、公共服务行业和地方进一步加大了推广普通话的力度。

制定和推行汉语拼音方案。采用什么字母形式来制订汉语拼音方案,经历了为时6年的讨论。1956年1月中央召开知识分子问题会议,毛泽东主席在会上赞成采用拉丁字母,周恩来总理在会议总结时代表中共中央表明:拼音方案采用拉丁字母。1958年2月11日,第一届全国人大第五次会议通过以拉丁字母为基础的《汉语拼音方案》。之后,汉语拼音广泛应用于注音扫盲、汉字注音、普通话教学、对外汉语教学、帮助少数民族创制改革文字、设计汉语手指字母、改进盲字、编序检索、通讯联络(如电报、旗语、灯语)等诸多领域。1977年9月7日联合国第三届地名标准化会议通过《关于中国地名拼法的决议》,1982年8月1日国际标准化组织发布ISO 7098《文献工作——中文罗马字母拼写法》[②],汉语拼音成为中文罗马字母转写的国际标准。为规范汉语拼音使用,先后制定发布《汉语拼音正词法基本规则(试用稿)》《中国人名汉语拼音字母拼

---

① 同期开展少数民族语言普查。
② 后分别于1991年、2015年两次进行修订。

写法》《少数民族语地名汉语拼音字母音译转写法》《汉语拼音字母名称读音对照表》《中国地名汉语拼音字母拼写规则（汉语地名部分）》等规范标准；为促进汉语拼音教学，先后探索多种拼音教学法，并于1982年起开展"注音识字，提前读写"实验。

（四）现代汉语规范化

新中国成立后，国家把汉语规范化作为语文教育和语文建设的大事来抓。1950年5月，《人民日报》发表短评《请大家注意文法》；11月，党中央发出《关于纠正电报、报告、指示、决定等文字缺点的指示》。1951年6月6日，《人民日报》发表社论《正确地使用祖国的语言，为语言的纯洁和健康而斗争》。1955年10月，中国科学院哲学社会科学部召集现代汉语规范问题学术会议，国务院副总理陈毅发表讲话，中国科学院院长郭沫若致开幕词。会议通过《现代汉语规范问题学术会议决议》，就普通话审音、现代汉语词典编写、语言研究等提出具体建议。

在推进现代汉语语音规范方面，1957—1962年先后开展三次普通话异读词审音，形成《普通话异读词三次审音总表初稿》，1985年进一步修订后发布实施《普通话异读词审音表》。在推进现代汉语词汇规范方面，1956年启动编写"以确定词汇规范为目的的中型的现代汉语词典"[1]，1965年形成《现代汉语词典（试用本）》，1978年12月出版第1版[2]。在推进现代汉语语法规范方面，1951年6月6日起至年底，《人民日报》连载吕叔湘、朱德熙的《语法修辞讲话》；1956年推出《暂拟汉语教学语法系统》作为中小学语法教材编写和语法教学的依据。此外，1951年9月发布《标点符号用法》；1955年1月1日《光明日报》实行横排左起，到1956年全国性的报纸期刊绝大多数实行横排左起，彻底改变了汉字书写、印刷排列方式。

（五）少数民族文字改革

为保护和发展少数民族语言文字，提高少数民族群众受教育水平，国家帮助少数民族创制、改革或改进文字[3]。在1950—1955年间和1956—1959年间，

---

[1] 见《国务院关于推广普通话的指示》。
[2] 到2016年已出版第7版。
[3] 少数民族语言文字工作当时由国家民委管理。

两次组织少数民族语言调查，涉及 43 个民族，覆盖 1600 多个调查点。1958 年 1 月，周恩来总理在政协全国委员会做报告时指出，今后各民族创造或者改革文字的时候，原则上应该以拉丁字母为基础，并且应该在字母的读音和用法上尽量跟《汉语拼音方案》取得一致。按照这一条原则，先后帮助壮、布依、彝、苗、哈尼、傈僳、纳西、侗、佤、黎等少数民族，创制了 10 多种拉丁字母形式的文字；帮助维吾尔族和哈萨克族设计了文字改革方案；帮助傣族、拉祜族和景颇族设计了文字改进方案。

（六）汉字信息处理

开展汉字结构及其构成成分的分析和统计，开展现代汉语用字频度统计，编制《汉字属性字典》，实施"七四八"工程（1974—1984），研制汉字频度表。研究解决汉字进入计算机在输入、处理、交换和输出方面的一系列相关问题，1978 年在青岛召开会议研讨计算机汉字输入方案，1979 年在上海嘉定召开会议研讨信息交换用汉字编码字符集国家标准问题，1980 年发布《信息交换用汉字编码字符集·基本集》（GB2312），1985 年发布多个汉字点阵字模集及字模数据集标准。同期，研制多种汉字信息处理系统，尤其是激光照排系统研发取得重大成果。

二 语言文字工作

改革开放以来，面对市场化、信息化、国际化的迫切需求，我国继续推广普通话、推行规范汉字和汉语拼音方案，全面加强语言文字规范化标准化信息化建设，大力加强语言文字法治建设，同时妥善处理好普通话和方言、简化字和繁体字、国家通用语言文字和少数民族语言文字、中文和外语的关系，努力构建和谐语言生活。1986 年召开的全国语言文字工作会议开启了以语言文字规范化标准化信息化为核心任务的新时期语言文字工作；2000 年颁布的《中华人民共和国国家通用语言文字法》（以下简称《国家通用语言文字法》）标志着语言文字工作开始走上法治轨道；2006 年前后确立的语言生活理念、语言资源观、语言服务观等，开创了语言文字工作服务国家软实力提升、协调处理多样性语言之间的关系、引导社会语言生活健康发展的崭新局面。

(一）方针政策

1986年1月，全国语言文字工作会议召开。会议确定了新时期语言文字工作方针："贯彻、执行国家关于语言文字工作的政策和法令，促进语言文字规范化、标准化，继续推动文字改革工作，使语言文字在社会主义现代化建设中更好地发挥作用。"会议明确，为适应改革开放和建设社会主义市场经济的需要，当前国家语言文字工作的首要任务是"大力推广和积极普及普通话"；汉字简化的方向不变，但"汉字简化应持极其慎重的态度，使文字在一个时期内相对稳定，以利社会应用"，同时要治理滥用繁体字、乱造简化字、随便写错别字等社会用字乱象；要加大汉字研究整理工作力度，制订各项规范标准；在"三大任务"基础上增加推进语言文字信息处理的任务，同时提出要加强语言文字研究与社会咨询服务。1992年，国务院批转国家语委关于当前语言文字工作请示，在1986年全国语言文字工作会议提出的任务基础上新增了"加速语言文字应用管理的立法工作"的任务。

1992年12月14日，针对社会上对社会用字管理工作的不同意见，江泽民总书记提出关于语言文字工作的三点意见，强调汉字简化的方向不能改变。1995年，李岚清副总理在纪念文字改革和现代汉语规范化40周年纪念大会上的讲话，进一步重申了基本方针、细化了具体任务。

1997年，第二次全国语言文字工作会议召开。会议总结了新时期以来的成绩经验，确定了新世纪语言文字工作的指导思想，提出到2010年以前制定完善语言文字法律法规、普通话在全国范围内初步普及、汉字社会应用基本规范等跨世纪语言文字工作目标，在"三大任务"基础上，提出加大中文信息处理的宏观管理力度，并提出加强语言立法和依法管理、组织开展全国推普宣传周活动等语言文字规范化宣传教育活动、开展全国语言文字使用情况调查等工作举措。

2000年10月31日，九届全国人大常委会第十八次会议通过《国家通用语言文字法》。这是我国第一部有关语言文字的专门法律，它确定了普通话和规范汉字作为国家通用语言文字的法律地位和使用范围，是我国社会主义现代化建设的一件大事，标志着我国语言文字规范化、标准化工作开始走上法治轨道，进入一个新的发展时期。

2007年4月，《国家语言文字工作"十一五"规划》提出："坚持以人为本，促进社会和谐发展，要求树立科学的语言发展观和规范观，坚持主体化方向，积极普及国家通用语言文字；正确认识语言生活的多样性，依法保障少数民族语言文字的学习和使用，妥善处理方言及繁体字使用问题，处理好外国语言文字的学习和使用问题，关注虚拟空间语言生活的状况，构建和谐的语言生活。"并指出："加强中国特色社会主义文化建设，促进国家与民族的文化繁荣，需要重视语言文字在传承、弘扬、创造民族文化及增强中华民族凝聚力方面不可替代的作用；需要将语言作为一种国家资源加以保护和利用，支持濒危语言的保存抢救和弱势方言保护工作，探索将语言文字作为非物质文化遗产加以保护的有效途径。"在1986年和1997年两次全国语言文字工作会议精神基础上，进一步提出"语言资源保护""语言文化传承传播"等新任务。

2011年10月，党的十七届六中全会审议通过《中共中央关于深化文化体制改革、推动社会主义文化大发展大繁荣若干重大问题的决定》，提出"大力推广和规范使用国家通用语言文字，科学保护各民族语言文字"的明确要求。

（二）工作机构

1985年12月16日，为加强新时期语言文字工作，文改会更名为国家语言文字工作委员会，仍为国务院直属机构；少数民族语言文字工作仍由国家民委管理。1994年国家语委"三定方案"明确，国家语委是国家教委管理的国家局。1998年国务院机构改革，国家语委并入教育部，设语言文字应用管理司、语言文字信息管理司，对外保留国家语委的牌子；教育部副部长兼任国家语委主任；少数民族语言文字规范标准制定和信息处理工作划归教育部管理。2000年，国家语委咨询委员会成立，在语言文字方针政策、工作措施和理论学术等方面为国家语委提供咨询指导。2001年，国家语委21世纪第一届科研规划领导小组成立，进一步加强语言文字应用研究，服务语言文字事业发展。

1998年，语言文字应用研究所明确为教育部直属研究所。2004年起，国家语委采用"共建共管"的方式，依托有关高校和科研院所逐渐建立起国家语委科研机构体系。

（三）新时期"三推"

推广普通话。1992年，国家语委提出"大力推行，积极普及，逐步提高"的新时期推普方针。为适应改革开放的需要，在各级各类学校特别是师范类学校、省会城市、沿海开放城市、经济特区、重点旅游地区和交通、商业、司法

领域以及公务员系统进一步推广普通话。1994年,国家语委、国家教委、广电部下发《关于开展普通话水平测试工作的决定》,启动普通话水平测试,规定对教师、播音员主持人、演员等逐步实行持普通话等级证书上岗制度。1997年,国务院第134次总理办公会议批准,1998年起每年9月第三周为"全国推广普通话宣传周"。世纪之交开展的"中国语言文字使用情况调查"显示,到2000年全国普通话普及率约为53.06%;2010年在河北、江苏、广西等地开展的抽样调查显示,全国普通话普及率提高至大约70%。

推行规范汉字。坚持汉字的简化方向,1986年重新发表《简化字总表》[①],废止《第二次汉字简化方案(草案)》;1992年7月1日,《人民日报(海外版)》改用简化字出版。加强汉字研究整理工作,开展汉字"四定"——定量、定音、定形、定序。2006年,发布《汉字应用水平等级及测试大纲》,启动汉字应用水平测试。

推行汉语拼音方案。继续开展"注音识字、提前读写"教学实验,充分发挥汉语拼音在汉字机器输入方面的重要作用。汉语拼音方案在语言教学、中文信息等领域得到更加广泛的运用。

夯实学校语言文字工作基础。1990—1994年,国家语委先后对各级师范类学校、普通中小学开展普及普通话检查验收工作,1996年制定职业中学普及普通话评估指导标准。1995年对高等院校语言文字规范化工作提出要求,2000年印发《关于进一步加强学校普及普通话和用字规范化工作的通知》。2004年,启动"语言文字规范化示范校"创建工作。

(四)语言文字规范化标准化信息化建设

完善工作机制。确立"以信息化为主线、以评测认证为抓手""开门办规范"的语言文字规范标准制修订工作原则;建设形成包括国家标准(GB)、国家语委语言文字规范(GF)、绿皮书软规范等的语言文字规范标准体系;成立国家语委语言文字规范标准审定委员会(2001);成立全国语言文字标准化技术委员会(2003),下设6个分技术委员会。

加强国家通用语言文字规范化标准化信息化建设。制定修订发布《普通话水平测试等级标准》《现代汉语常用字表》《现代汉语通用字表》《汉语拼音正词

---

① 对1964年版调整了个别字。

法基本规则》《第一批异形词整理表》《现代汉语常用词表（草案）》《汉字应用水平等级及测试大纲》《标点符号用法》《出版物上数字用法的规定》等一大批普通话、汉字、汉语词汇、汉语书面语系统规范标准，以及涉及汉字输入、中文编码、汉字字型、词处理等的一大批中文信息处理规范标准。同时，开展了国家语委现代汉语通用平衡语料库等语言文字信息化资源建设工作。

加强少数民族语言文字规范化标准化信息化建设。制定发布中国各民族名称拼写法等规范标准。成立全国术语标准化技术委员会少数民族语特别分委员会（1995），并在特别分委员会之下成立蒙古语、藏语、朝鲜语、新疆少数民族语、彝语5个工作委员会，分别制定相关语种的基础性术语标准。陆续推出蒙古文、藏文、维吾尔文、哈萨克文、朝鲜文、彝文、壮文、柯尔克孜文和锡伯文等文字处理系统，开发了一批民族文字操作应用系统、排版系统和办公自动化系统。

（五）社会语言文字应用管理

加强社会用字管理。以计算机用字、出版印刷用字、影视屏幕用字和城镇街头用字为重点，以纠正滥用繁体字、乱造简化字、随便写错别字等社会用字乱象为目标，加强社会用字管理。就地名、广播影视、出版物、企业名称、招牌、广告、商标、体育活动、国际会议以及金融领域等用语用字规范下发文件、明确要求，加强行业管理。在试点开展社会用字管理工作评估的基础上，2000年正式启动以"普通话初步普及、汉字的社会应用基本规范"为目标的城市语言文字工作评估，指导督促地方各级语委加大工作力度。

（六）语言文字法治建设

1986年以后，教育法、民事诉讼法、居民身份证法等法律中先后纳入语言文字的相关要求，《地名管理条例》及其实施细则、《广告语言文字暂行管理规定》等国务院行政法规和部门规章相继出台。20世纪90年代，部分省份制定了关于社会用字管理的地方性法规和规章。《国家通用语言文字法》颁布后，民族区域自治法等有关法律相应做出修订，教育部发布《普通话水平测试管理规定》，各省（区、市）结合实际制定贯彻落实《国家通用语言文字法》的地方性法规或规章（2000—2012年共出台29部），信息产业、文化等部门及军队提出本系统贯彻实施《国家通用语言文字法》的意见，逐步形成了语言文字法律

法规体系。

全国人大教科文卫委员会、教育部、国家语委通过解读宣传《国家通用语言文字法》、联合召开座谈会和工作现场会、实地调研等形式，推动法律的深入实施。教育部、国家语委进一步明确"一个中心，四个重点领域，三项基本措施"的工作思路，以城市为中心，以学校为基础，以党政机关为龙头，以新闻媒体为榜样，以公共服务行业为窗口，通过目标管理量化评估、普通话水平测试、推广普通话宣传周等基本措施，逐步建立依法管理监督的体制和机制，提高全社会语言文字规范化水平。

（七）语言资源监测研究与有声数据库建设

2004年起，先后成立国家语言资源监测与研究平面媒体、有声媒体、网络媒体、教育教材、海外华语、民族语言中心，依照共同的理念和技术规范建设各领域语料库，保存语言资源，发现语言使用特点，监测新的语言现象，形成包括年度汉字、词汇使用频率和新词语、流行语、网络语言状况等的实态统计数据。以此为基础，2005年起每年举办"汉语盘点"活动，2006年起每年发布《中国语言生活状况报告》（语言生活绿皮书），引导社会语言生活。

2009年起，在江苏、上海、北京、辽宁、广西、山东、河北、福建、湖北等地启动"中国语言资源有声数据库"建设，积累语言资源数据，普及语言资源理念，助力构建和谐语言生活。

三　语言文字事业

党的十八大以来，我国高举中国特色社会主义伟大旗帜，决胜全面建成小康社会，中国特色社会主义进入新时代。语言文字战线坚持以习近平新时代中国特色社会主义思想为指导，主动服务"五位一体"总体布局和"四个全面"战略布局，深刻认识、全面把握语言文字的基础性、全局性、社会性和全民性特点，提高站位、拓展视野，从"语言文字事业"的全局高度和"提升国家语言能力"的战略视角，推动语言文字在经济、政治、文化、教育、科技各领域建设发展以及"一带一路"建设、"人类命运共同体"构建等国家重大战略中更好发挥作用。

（一）方针政策

2012 年 11 月，党的十八大报告明确提出"推广和规范使用国家通用语言文字"，推广普及国家通用语言文字在新时代的重要性和紧迫性进一步凸显。

习近平总书记多次强调语言文字事业的重要性。2014 年 3 月，习近平总书记在柏林会见德国汉学家、孔子学院教师代表和学习汉语的学生代表时指出，一个国家文化的魅力、一个民族的凝聚力主要通过语言表达和传递，掌握一种语言就是掌握了通往一国文化的钥匙。2016 年 5 月，习近平总书记在哲学社会科学工作座谈会上强调，要重视发展具有重要文化价值和传承意义的"绝学"、冷门学科，甲骨文等古文字研究等要确保有人做、有传承。2019 年 9 月，习近平总书记在全国民族团结进步表彰大会上强调，要搞好民族地区各级各类教育，全面加强国家通用语言文字教育，不断提高各族群众科学文化素质。2019 年 11 月，习近平总书记向甲骨文发现和研究 120 周年致贺信，强调深入研究甲骨文的历史思想和文化价值，坚定文化自信，促进文明交流互鉴。

2012 年 12 月 4 日，教育部、国家语委发布《国家中长期语言文字事业改革和发展规划纲要（2012—2020 年）》，要求"全面贯彻《国家通用语言文字法》，尊重语言文字发展规律，主动适应国家经济社会发展新要求，围绕中心、服务大局，拓宽视野、改革创新，大力推广和规范使用国家通用语言文字，科学保护各民族语言文字，加强语言文字基础建设和管理服务，增强国家语言实力，提高国民语言能力，构建和谐语言生活，服务教育现代化，服务社会主义文化强国建设，推进语言文字事业全面发展"。

2016 年 8 月 23 日，教育部、国家语委发布《国家语言文字事业"十三五"发展规划》，提出"强国必须强语，强语助力强国"，要求"以服务国家发展需求为核心，向国家战略聚焦，向农村和民族地区攻坚，向社会应用推进，向现代治理转型，向国际领域拓展，大力推行和规范使用国家通用语言文字，科学保护各民族语言文字，加快语言文字法制化、规范化、标准化、信息化建设，提高国民语言能力，构建和谐健康的语言生活，为全面建成小康社会、建设与综合国力相适应的语言强国提供有力支撑"。

2017 年 1 月 25 日，中共中央办公厅、国务院办公厅印发《关于实施中华优秀传统文化传承发展工程的意见》，提出：加强中华优秀传统文化相关学科建设，重视保护和发展具有重要文化价值和传承意义的"绝学"、冷门学科；

丰富拓展校园文化，推进戏曲、书法、高雅艺术、传统体育等进校园，实施中华经典诵读工程；研究制定国民语言教育大纲，开展好国民语言教育；大力推广和规范使用国家通用语言文字，保护传承方言文化；开展少数民族特色文化保护工作，加强少数民族语言文字和经典文献的保护和传播，做好少数民族经典文献和汉族经典文献互译出版工作。

（二）推普助力脱贫攻坚

服务国家脱贫攻坚战略，实施《推普脱贫攻坚行动计划（2018—2020年）》，提出"到2020年，贫困家庭新增劳动力人口应全部具有国家通用语言文字沟通交流和应用能力，现有贫困地区青壮年劳动力具备基本的普通话交流能力，当地普通话普及率明显提升，初步具备普通话交流的语言环境，为提升'造血'能力打好语言基础"的目标，发挥语言扶贫、减贫作用，阻断贫困的代际传递。在民族地区各级各类学校全面加强国家通用语言文字教育。以"三区三州"深度贫困地区为重点区域，以民族地区和贫困地区的教师、学前儿童、青壮年农牧民和基层干部等为重点人群，加强普通话培训。同步推进职业技术培训与普通话推广，增强贫困地区劳动力职业技能和就业能力。充分利用信息化技术手段，建设多种形式的普通话学习优质资源，编写出版分别针对成人、学前儿童的入门学习用书《普通话1000句》和《幼儿普通话365句》，并开发微课程，与中国移动、科大讯飞联合研发推广学习普通话的手机应用软件"语言扶贫"APP（应用程序）并不断丰富其学习资源。从2018年起开展大学生推普助力脱贫攻坚社会实践活动，参与人数达3650人次。加强督导检查，压实地方各级政府责任，加强统筹协调，加大东西部对口支援力度，联合国家语委各成员单位、相关高校和企业，动员社会各方面力量参与推普助力脱贫攻坚行动，助力打赢脱贫攻坚战，铸牢中华民族共同体意识。

（三）国家通用语言文字推广普及

继续发挥学校的基础作用，2013年将中小学校语言文字工作督导评估纳入素质教育督导评估内容，2017年印发《教育部、国家语委关于进一步加强学校语言文字工作的意见》，提出培养学生语言文字应用能力和自觉规范使用国家通用语言文字的意识、自觉传承弘扬中华优秀文化的意识。

实施"国家通用语言文字普及攻坚工程"，制定工程实施方案，提出到

2020年全国普通话普及率平均达到80%以上的目标，以县域为单位开展普通话普及情况调查及验收，确定普及攻坚时间表、路线图。全国推广普通话宣传周连续举办22年，成为推广国家通用语言文字、提升全民科学文化素质、传承中华优秀文化的重要平台，宣传工作重心不断向推普基础较薄弱的农村和民族地区倾斜，引导全社会不断增强国家通用语言文字法律意识、规范意识。继续推进国家通用语言文字水平测试，截至2019年底，普通话水平测试人次累计达8800余万，汉字应用水平测试人次累计超过30万，少数民族汉语水平考试累计达280余万[①]。全面开展计算机辅助普通话水平测试，提高测试和管理的科学化、规范化水平。

（四）语言文字规范化标准化信息化建设

进一步加强国家通用语言文字规范化标准化信息化建设。充分研究新中国汉字规范，历经10多年研制，2013年国务院发布《通用规范汉字表》（收字量8105个），满足信息时代汉字使用需求。开展新时期普通话审音工作，制定发布《中华通韵（试行）》，出版《汉语拼音词汇 专名部分（草案）》《义务教育常用词表（草案）》等，进一步完善普通话、汉字、词汇、汉语拼音规范标准。主导修订国际标准《信息与文献——中文罗马字母拼写法》，进一步明确汉语拼音方案作为拼写中文的规范。依托国家语委科研机构等建设语言文字基础数据库、语料库、知识库，实施"语言文字信息化关键技术研究与应用工程""互联网+语言服务工程""中华精品字库工程"等，支持推动中文信息处理关键技术研发，探讨"有序开发、多元投入、社会共享"的语言资源建设与管理机制，建成开通"国家语委语言资源网"（2017）[②]，建成上线"汉字全息资源应用系统"（2019）[③]。成立全球中文学习联盟，建成上线"全球中文学习平台"（2019）[④]。

进一步加强少数民族语言文字规范化标准化信息化建设。发布系列少数民族语言文字信息化规范标准，推动更多少数民族文字进入国际标准ISO/IEC 10646《信息技术·通用多八位编码字符集》；建成一系列少数民族语语料库、

---

① 普通话水平测试、汉字应用水平测试由教育部语用所（国家语委普通话与文字应用培训测试中心）组织实施，少数民族汉语水平考试由教育部考试中心组织实施。

② 简称"语汇网"，网址：http://www.clr.org.cn。

③ 系统网址：http://qxk.bnu.edu.cn/。

④ 平台网址：www.chinese-learning.cn。

文献库和翻译词典，涉及藏语、蒙古语、维吾尔语、哈萨克语等多个语种。

2018年7月，发布《信息化条件下语言文字规范标准体系建设规划》，进一步完善语言文字规范化标准化信息化建设工作顶层设计。

（五）语言资源科学保护

2015—2019年，在"中国语言资源有声数据库"基础上，实施"中国语言资源保护工程"，利用现代化技术手段，收集记录汉语方言、少数民族语言和口头语言文化的实态语料，建成大规模、可持续增长的多媒体语言资源库。共调查1712个点①，其中，汉语方言调查点1131个，少数民族语言调查点324个，濒危语言方言调查点152个，语言方言文化调查点105个；覆盖全国31个省（区、市）、新疆生产建设兵团、港澳台地区，123个语种和全部汉语方言。建设"中国语言资源保护工程采录展示平台"。出版《中国语言文化典藏》丛书20卷，《中国濒危语言志》丛书30卷。工程产生重要国际影响，有关做法和所取得的成功经验得到国际社会，特别是联合国教科文组织的高度评价。

（六）语言服务能力提升

在连续10多年出版《中国语言生活状况报告》（语言生活绿皮书）基础上，2015年起又先后出版《中国语言政策研究报告》（语言生活蓝皮书）、《世界语言生活状况报告》（语言生活黄皮书）和《中国语言文字事业发展报告》（语言生活白皮书），2016年起北京、广州、上海等地先后出版"地方语言生活皮书"，形成语言生活皮书系列，展示语言文字事业发展成就，服务引导社会语言生活。通过发布外语词中文规范译名、评选年度字词等，加强对新词新语、字母词、外语词、网络语言等的引导和规范。制定发布《公共服务领域外文译写规范》（英、俄、日）、《中国英语能力等级量表》等规范标准，服务外语学习和使用。高等院校设立的外语专业逐年增长，目前已覆盖100多个语种，为在"一带一路"和"人类命运共同体"建设中通过"语言互通"促进"民心相通"奠定基础。建设国家外语人才资源动态数据库、国家语言志愿者人才库，制定实施《北京冬奥会语言服务行动计划》，先后完成"冬奥术语平台"V1版和V2版，发布"北京冬奥项目知识图谱资源及问答系统"。结合自贸区建设、京津冀和粤港澳区域发展战略、"一带一路"建设等国家战略，在地方和相关

---

① 工程计划调查1500个点，超预定计划数14.13%。

行业系统、特定人群和领域开展一系列语情调查，推动语言文字更好服务国家战略。

坚持"以人为本"，高度关注视障、听障人士的语言权利，根据特殊人群需求开展普通话水平测试，推动面向特殊人群的信息无障碍建设，制定发布《国家通用盲文方案》《国家通用手语常用词表》，推广国家通用手语和国家通用盲文，建设手语盲文数据库、语料库，研发手语盲文计算机处理技术，培养手语、盲文及语言康复专业人才，并在重要会议活动中提供手语翻译，积极开办手语电视节目、设立盲文阅读设施，不断提高特殊语言服务的能力和水平。

（七）语言文化传承传播

开展中华经典传承传播工作，引导、组织社会各界特别是广大学生，阅读、传诵、书写中华经典，探索新时代推广普通话、推行规范汉字的有效途径，传承弘扬中华民族优秀传统文化，建设中华民族共有精神家园，激发全社会对中华优秀文化的学习和热爱。2013年以来，与中央电视台联合先后举办《中国汉字听写大会》《中国成语大会》《中国诗词大会》等语言文化类品牌节目，运用群众喜闻乐见的传播形式传承弘扬中华优秀传统文化，得到中央领导的高度肯定和社会各界的广泛关注，累计收视人数超过30亿人次。2018年起，实施"中华经典诵读工程"，在实践活动引领、基础资源保障、平台基地支撑、合作交流传播4个维度上搭建大平台、建设大资源、打造大机制，努力增强全社会的语言意识、文化自觉和文化自信。举办"中华经典诵写讲大赛""送经典下基层"等活动，建设"中华经典资源库"近400集1.2万分钟视频资源，组织中华经典诵读万名师资网络培训和千名骨干师资面授培训。

2014年，启动中华思想文化术语传播工程，整理、翻译中华思想文化术语，并向国内国际广泛传播。截至2019年底，发布中英文术语700条，完成西班牙语、波兰语、马其顿语、亚美尼亚语、尼泊尔语翻译各500条，阿尔巴尼亚语翻译300条，白俄罗斯语翻译200条，马来语、保加利亚语翻译各100条。版权输出覆盖26个语种。

2017年，启动甲骨文研究与应用专项，推动具有重要文化价值和传承意义的甲骨文等古文字研究，传承弘扬中华优秀传统文化。2017年10月，我国申报的甲骨文成功入选联合国教科文组织《世界记忆名录》。2019年，甲骨文发现120周年，多部门组织开展一系列隆重的纪念庆祝活动，习近平总书记专致贺信，孙春兰副总理主持召开纪念甲骨文发现120周年座谈会。

（八）语言文字交流合作

促进港澳台地区语言文字交流合作。为加强两岸经贸文化交流，消除两岸民众语言交流障碍，推动两岸合作编纂中华语文工具书，出版《两岸常用词典》《两岸通用词典》、两岸《中华科学技术大词典》等词典，编纂《中华语文大词典》，两岸共建互联中华语文知识库网站；成立两岸语言文字交流与合作协调小组，开展一系列语言文字学术交流活动；连续举办两岸大学生语言文化交流夏令营、汉字文化创意大会等语言文化交流活动。累计对超过13万人次的港澳居民开展普通话培训和水平测试，并连续组织内地大学生赴港澳开展诵读展演与交流活动，增进港澳青少年语言认同、文化认同和国家认同。研制发布"汉字简繁文本智能转换系统"（2016），方便港澳台地区和大陆（内地）交流交往中的语言文字使用。

推动语言文字国际交流合作。2014年，中国政府主办、联合国教科文组织合作，召开世界语言大会，时任中共中央政治局委员、国务院副总理刘延东出席开幕式并讲话。会议通过中国政府主导提出的《苏州共识》，倡议重视和提高人的语言能力。2018年，进一步与联合国教科文组织联合主办"世界语言资源保护大会"，介绍中国语保工程做法与经验，传播"人类命运共同体"理念，发布联合国教科文组织重要永久性文件——"保护与促进世界语言多样性《岳麓宣言》"，为全球语言生活治理贡献中国智慧、提出中国方案、发出中国声音。2017—2019年连续举办3届国际语言文化博览会，促进语言文化交流互鉴。通过"中德语言年""中法语言年""中俄语言年"等系列活动，增进人文交流，促进互信和相互了解。积极推动语言文字学术国际出版，组织实施"语言文字国际高端专家来华交流项目"，加强语言文字国际学术交流。在荷兰、美国等国设立海外普通话培训测试中心，服务海外普通话学习需求。

推动中文国际传播。截至2019年底，孔子学院总部共在162国建立550所孔子学院、1172个孔子课堂。全球已有60多个国家将中文纳入国民教育体系，4000多所大学设立中文院系专业或开设中文课程，3万多所中小学开设中文课程，4.5万所华文学校、培训机构面向社会开展中文教育。全球共有8万多所各级各类学校开展中文教育，学生人数超过2500万，除中国外各国学习和使用中文人数约1.1亿。

（九）语言治理能力建设

加强语言文字法治建设。开展《国家通用语言文字法》修订及实施办法制订立法调研，制定《信息技术产品语言文字使用管理规定》。截至2019年底，我国现行有效的涵盖国家通用语言文字、少数民族语言文字和公共场所外文使用的语言文字法律、法规、规章和单行条例共83部，其中，法律1部，国务院部门规章6部，地方各级人大颁布的地方性法规31部，省级政府地方政府规章22部，民族自治地方少数民族语言文字单行条例23部。完善依法管理、执法监督体制机制，各地结合学校、城市、区域语言文字规范化建设和督导评估，广泛开展语言文字联合执法和专项整治工作。

加强语言文字工作机构建设。不断调整充实国家语委成员单位，逐步扩增至29家，国家语委统筹协调各部门共同推进语言文字事业的力度不断增强。先后就"外语中文译写规范和中华思想文化术语传播""推普助力脱贫攻坚"等建立部际联席会议机制，开展专项工作协调，推动重大工作落实。加强国家语委科研机构建设，推动各机构开展"问题导向，决策驱动"的语言文字决策咨询研究，印发语言文字智库测评指标体系，促进各机构提升影响力，21家科研机构的智库功能逐步显现。启动国家语言文字推广基地建设（2019），首批认定60家，推动各基地分别向综合研究、传承推广、教育培训方面发展。逐步形成"语委统筹、部门协同、专家支持、社会参与"的工作格局。

加强语言文字工作督导检查。开展城市语言文字工作评估，截至2018年底，共评估一类城市36个、二类城市391个、三类城市1701个。2015年，颁布《国家通用语言文字督导评估暂行办法》，2016年启动督导评估，目前已有13个省（区）的27个县级政府接受并通过了国家级语言文字工作督导评估，部分地方开展了省内评估。从2018年起，语言文字规范化要求纳入全国文明城市测评体系，语言文字工作纳入对省级政府履行教育职责评价体系。继续创建语言文字规范化示范校，目前全国共创建示范校4.1万多所。

加强科研支撑和队伍建设。以关注语言生活、服务事业发展为导向，国家语委科研规划2012—2019年共立项科研课题650余项，产出一大批科研成果，学术影响日益提升。连续举办地方语委干部和高校语委干部等语言文字工作能力提升培训班，加强基层语委干部队伍建设。举办语言文字应用研究优秀中青年学者研修班、民族语文应用研究中青年学者高级研修班、语言文字中青年学

者出国研修班，建设语言文字应用研究中青年学者协同创新联盟，召开中青年学者学术论坛，搭建"三班一盟一论坛"框架，加强科研队伍建设。

结　语

新中国成立70年来，从"文字改革"到"语言文字工作"再到"语言文字事业"，从"三大任务"到"规范化标准化信息化建设"再到"提升国家语言能力"，从"主要解决语言沟通问题"拓展至"保护语言资源，传承语言文化，供给语言服务，构建和谐语言生活"，从"主要关注语言本体"到"全面关注语言应用和语言生活"，从"管理"到"治理"，从"国内"到"国际"，维护国家的安全与统一、民族团结，服务经济社会发展，促进文化教育繁荣，始终是国家语言文字事业的使命担当。语言文字事业不忘初心、牢记使命，守土有责、开拓创新，主动适应现代化、市场化、信息化、城市化、国际化需求，充分发挥中国特色社会主义制度优势，形成高站位、全覆盖、广动员、深合作的"大语言文字工作"格局，取得了历史性成就。面对中华民族伟大复兴的战略全局和世界百年未有之大变局带来的机遇和挑战，语言文字事业将进一步发挥其独特作用，为建设中国特色社会主义、铸牢中华民族共同体意识、构建人类命运共同体做出更大的贡献。

（执笔人：苏培成、李宇明、张日培）

第一部分

年度重点工作

推普助力脱贫攻坚行动

为切实发挥普通话交流交往的工具作用，助力贫困地区劳动力提高就业能力、增强职业技能、阻断贫困代际传递，教育部、国务院扶贫办、国家语委联合实施推普助力脱贫攻坚行动。2019年是实施《推普脱贫攻坚行动计划（2018—2020年）》（以下简称《行动计划》）承前启后、攻坚克难的关键一年，在2018年有效推进的基础上，教育部、国家语委积极落实中央脱贫攻坚专项巡视的有关整改要求，进一步建立健全工作机制，加大攻坚力度，强化重点人群培训，加强普通话学习资源建设，统筹组织多方力量共同参与，取得积极进展。

一　工作机制建设

着力推进部际协调、部省合作、部内分工合作、调研督查、东西部对口支援等工作机制建设，加强顶层设计，统筹各方资源，压实责任，形成合力。

（一）部际协调机制

印发《推普脱贫攻坚部际协调小组任务清单（2019—2020年）》，成立由25家国家语委委员单位组成的推普脱贫攻坚部际协调小组，明确各部门的工作任务，推动委员单位结合各自职能，加大对重点人群的普通话培训力度、拓展普通话培训途径、编写普通话学习用书、建设普通话学习信息化资源、创建普通话示范村，共同推进推普助力脱贫攻坚工作。

（二）部省合作机制

落实中央统筹、省负总责、市县抓落实层层负责的要求，将推普助力脱贫攻坚作为重要任务写入教育部与13个省份签订的《打赢教育脱贫攻坚战合作备忘录》。结合各地实际，在与相关省份签署的备忘录中对当地贫困地区推普助力脱贫攻坚做出更加详细的工作安排。以推动落实合作备忘录为契机，在经费、资源等方面向贫困地区予以适当倾斜，加大工作力度，压实地方政府主体责任。

（三）部内分工合作机制

落实教育部《〈推普脱贫攻坚行动计划（2018—2020年）〉部内分工方案》，由语言文字应用管理司牵头，协调组织发展规划司、财务司等8个司局和语言文字应用研究所、国家开放大学等4个直属单位，分工合作，协同推进。各相关司局负责在财政投入、普通话＋职业技能培训、教师普通话培训等方面予以政策支持与保障，各相关直属单位负责在贫困地区普通话培训、学习效果评估、普通话学习资源建设、普及普通话状况调查研究等方面做好相关工作。

（四）调研督查机制

将推普助力脱贫攻坚纳入教育综合督导。在《2019年对省级人民政府履行教育职责评价方案》（以下简称《方案》）的三级指标中规定"民族地区推普脱贫攻坚措施得力，组织开展青壮年农牧民普通话培训，各级各类学校教师普通话水平达到国家规定的等级标准，加强对口地区语言文字工作支援"。10月，在对青海省人民政府履行教育职责情况的督导中，根据《方案》规定加强了对该省落实推普助力脱贫攻坚行动情况的督查。

开展县域普通话普及情况调查。要求省级教育和语言文字工作部门根据《国家通用语言文字普及攻坚工程实施方案》[①]的要求，以县域为单位，对普通话普及率进行调查，并定期上报普及率数据。调查工作于7月启动、10月结束，历时约4个月，由31个省（自治区、直辖市）及新疆生产建设兵团共同参与完成，覆盖县域2273个，回收有效数据99万份。同时，要求"三区三州"深度贫困地区对建档立卡贫困人口中不通普通话的人数进行摸底调查。

建立推普助力脱贫工作信息报告与交流制度。要求省级教育和语言文字工作部门按年度上报推普脱贫工作专项经费等基础数据，以及推动县域普通话普及达标的年度计划、时间表与路线图；按月上报相关工作信息，总结经验、挖掘典型、发现问题。在此基础上，编制推普脱贫攻坚简报，开通"推普脱贫攻

---

① "国家通用语言文字普及攻坚工程"是《国家语言文字事业"十三五"发展规划》提出、2017年3月启动的工程。目标是推动全国普通话普及率平均达到80%以上，西部地区是重点，"有条件的要力争将普通话普及率提高到80%以上；基础较差的要确保将普通话普及率提高到70%以上；特别困难的要加大工作力度，采取多种办法，确保每个县域的普及率在现有基础上至少提高10个百分点，原则上到2020年特殊困难县域的普及率不得低于50%。"

坚"微信公众号，及时通报各地工作进展，宣传有效做法和典型经验。

加强深度贫困地区推普调研。以"三区三州"深度贫困地区为重点，先后赴云南、甘肃、新疆、西藏、贵州、青海等地开展推普脱贫实地调研，深入一线了解实际状况和需求，及时为当地提供指导、调集资源。

（五）东西部对口支援机制

加强对参与东西部扶贫协作、对口支援建设的省、高校和有关单位落实《行动计划》有关要求的检查、指导与督促，同时重点组织东部6省市对口支援"三区三州"推普助力脱贫攻坚。北京通过"组团式"教育援疆等方式援助南疆地区加强师资力量，提升当地教师能力水平，推进国家通用语言文字教育。上海探索移动网络培训新模式，实施新疆喀什地区泽普县少数民族教师国家通用语言文字教学能力提升项目。江苏划拨专项资金30万元支持四川凉山州对喜德、昭觉等6个县的300名贫困农牧民开展普通话培训，划拨专项资金20万元支持新疆伊犁州建设计算机辅助普通话水平测试站。浙江对口支援四川阿坝州，实现市县结对全覆盖，实施督导评估、文化传承、测试提档、学前推普、专项经费支持5项帮扶工程。山东采用线上线下相结合的方式，重点培训受援地、协作地骨干教师。广东依托"学前学会普通话行动"，支持四川凉山州11个贫困县完善幼教设施设备，同时培训学员近6000名；依托省"强师工程"，安排四川甘孜州22名中小学、幼儿园骨干教师到广东省结对学校跟岗交流。

二 重点人群培训

进一步加大对民族地区、贫困地区教师和青壮年农牧民、基层干部等重点人群的普通话培训力度，规划推动普通话培训与职业技能培训同步实施。同时，根据《行动计划》，聚焦主要任务，着眼于"阻断贫困的代际传递"，将推普助力脱贫的对象进一步拓展至贫困地区学前儿童，积极争取中央彩票公益金支持学前儿童普通话教育项目"童语同音"计划，联合国务院扶贫办积极推进"学前学会普通话行动"。

（一）教师普通话培训

委托国家语委普通话与文字应用培训测试中心举办由教育部副部长、国家语委主任田学军担任名誉班主任的第 32 期中央普通话进修班（"三区三州"普通话骨干师资专题研修），培训普通话"种子教师"103 名；举办 2 期国家级普通话水平测试员培训考核班，培训名额向中西部倾斜，为农村、边远民族地区推广国家通用语言文字培养专业人才。

委托内蒙古、广西、海南、四川、贵州、云南、西藏、甘肃、青海、新疆 10 省（区）实施"国培计划（2019）"——少数民族双语教师普通话培训项目，培训学员近千名。委托江西、贵州、新疆生产建设兵团开展中西部地区农村教师语言文字能力提高培训，培训农村和边远地区一线骨干教师 300 多人次。

贫困地区所在中西部 12 省（区、市）①地方各级政府培训农村和少数民族地区教师全年共 46.3 万人次。

（二）农牧民和基层干部普通话培训

委托内蒙古、湖南、广西、四川、贵州、云南、西藏、甘肃、青海、新疆 10 个中西部省（区）组织开展青壮年农牧民和基层干部培训，共培训 3 万多人次，带动各地进一步扩大培训规模。

贫困地区所在中西部 12 省（区、市）地方各级政府培训青壮年农牧民全年共 195.8 万人次、基层干部 21.3 万人次。

（三）普通话培训与职业技能培训同步推进

5 月，人力资源社会保障部、国家发展改革委、财政部、国务院扶贫办印发《关于做好易地扶贫搬迁就业帮扶工作的通知》，要求大规模开展职业技能培训，增强培训精准性；各地结合搬迁群众需要，在职业技能培训项目中可适当增加国家通用语言等内容。

10 月，教育部办公厅等 14 个部门印发《职业院校全面开展职业培训 促进就业创业行动计划》，要求对农村和边远地区、少数民族地区的大龄参训人员加强普通话、常用现代化设施（工具、软件）运用等基本技能方面的培训。

10 月，教育部办公厅印发《关于办好深度贫困地区职业教育助力脱贫攻坚的指导意见》，就"同步推进职业技能培训与普通话推广"做出具体部署。要求职业院校全面落实学历教育与培训并举的职责，对青壮年农牧民提供更加精准的公益性培训，提高其国家通用语言文字应用能力和职业技术技能水平，解

---

① 包括内蒙古、重庆、广西、四川、贵州、云南、西藏、陕西、甘肃、青海、宁夏、新疆。下同。

决因语言不通而无法就业创业脱贫的问题。要求在推进滇西扶贫、援疆援藏等重点项目时，将普通话培训纳入各级各类职业技能培训课程。要求地方开发适宜的课程资源，鼓励引入优质线上教学资源，加强国家通用语言文字应用能力教育，提高职业院校教师使用国家通用语言文字和传承中华优秀文化意识。

（四）学前儿童普通话教育

指导推动内蒙古、广西、云南、甘肃、青海、新疆等省（区）加大学前儿童普通话教育力度。内蒙古加强幼儿园教师培训，科学指导幼儿普通话习得。甘肃通过"大手拉小手""小手拉大手"，以幼儿园为主阵地，推动家园结合，构建学前儿童普通话学习环境。青海制定印发《学前儿童普通话水平量化指标指导纲要（试行）》，向3.4万名不会说普通话的学前儿童发放《幼儿普通话365句》课本，将幼儿学说普通话融入学前教育。四川凉山州深入推进"学前学会普通话行动"，覆盖3895个幼儿园、幼教点，招收学前儿童26.96万人，培训辅导员1.7万多人次，因地制宜制定并指导实施科学的普通话教学方案，开发教辅、教具等教学资源。广西忻城县开展在园儿童与非在园儿童"手拉手一起学说普通话"活动，通过"送教下乡"、家长和孩子"手拉手学习普通话"推普课堂等形式，提高非在园学龄前儿童的普通话水平。

三　学习资源研发

进一步丰富针对不同年龄人群、多种形式的普通话学习资源，提升贫困地区普通话培训的针对性和实效性。

（一）义务教育师生普通话学习资源

联合中央广播电视总台制作"中小学语文示范诵读库"（第二、三期），助力贫困地区和少数民族地区学校国家通用语言文字教学。精选"中华经典资源库"中义务教育阶段语文课本中的诗词散文、经史子集选段资源作为基础内容进行课程设计改造，建设4个专辑80个学时的优质课程资源，并对中小学语文教师开展专题培训。出版《中华经典诗词分级诵读本》一至六级，丰富师生普通话学习资源。

（二）学前儿童普通话学习资源

组织语文出版社出版针对学前儿童的普通话学习用书《幼儿普通话365句》，助力控辍保学，阻断贫困代际传递。创设问候、洗手、吃饭、午睡、游戏、求助等多种幼儿生活情境，以绘本形式图文并茂地呈现365个贴近幼儿生活的句子，引导幼儿每天学说一句普通话，使幼儿熟悉普通话的基本语句，形成普通话语感，初步建立普通话语言机制。

（三）青壮年劳动力普通话学习资源

委托国家开放大学研发短视频形式的《普通话1000句》[①]微课程94集，在"推普助力脱贫攻坚"微信公众号、国家开放大学等相关课程平台上线。在"语言扶贫"APP（应用程序）[②]中上线100集央视农业频道《科技苑》关于农业科学技术和知识的节目资源，为贫困群众同步学习普通话和脱贫致富的劳动技能提供更有针对性的学习资源。

与中国移动、科大讯飞加强合作，共同实施"推普脱贫攻坚"普通话学习APP项目。4月3日，教育部、国务院扶贫办、国家语委、中国移动、科大讯飞签署《"推普脱贫攻坚"战略合作框架》，运用现代信息技术手段，重点帮助"三区三州"贫困群众学会普通话。截至2019年底，"语言扶贫"APP安装使用人数达31.5万，为贫困群众学习普通话提供了便捷、有效的平台，创造了人人皆学、时时能学、处处可学的普通话学习条件。

四 大学生社会实践活动

联合共青团中央继续开展"推普助力脱贫攻坚"大学生暑期社会实践活动，扩大实践队伍规模，组织239支实践团队的2291名大学生深入贫困地区开展普通话培训和推普宣传。实践地点覆盖27个省（区）的242个县（区、市）的345个贫困村，其中77%的实践团队在中西部地区开展活动。

（一）普通话培训

各实践团队因地制宜、注重实效，综合考虑地域差别和文化差异、实践地

---

① 2018年由语文出版社出版。
② 2018年由科大讯飞研发的普通话学习手机应用软件。

具体情况和推普需求，聚焦建档立卡贫困人口中不通普通话的青壮年农牧民、3—6岁学前儿童及其家长、义务教育阶段学生等重点人群，提供符合需求的普通话学习资源，积极开展形式多样、内容丰富的推广普及国家通用语言文字培训活动，总培训人数超过2万。华东理工大学团队对西藏山南桑日县增期乡107名义务教育阶段学生开展普通话培训并进行普通话水平测试；江苏师范大学团队结合四川凉山美姑县语言特点，自编《最简实用普通话100句（汉彝双语版）》教材，帮助当地青壮年农牧民学用普通话；中国传媒大学团队通过寓言成语故事表演、传话接龙游戏、儿歌演唱、有奖竞答等丰富多样的形式寓教于乐，帮助新疆和田墨玉县学前儿童学习普通话。

（二）推普政策宣传

各实践团队借助多种媒体平台、运用多种宣传方式，合理有效利用宣传物品和资料，广泛开展国家通用语言文字政策宣传。聊城大学、湖北科技学院、四川大学等团队在乡村集镇、市民广场等场所，结合当地特色集体活动，张贴推普宣传海报、发放推普宣传手册、进行推普政策现场讲解，广泛动员群众学普用普，覆盖人数超过10万；南通大学团队通过南通交通广播电台播出《支教声音日记》节目，宣传推普脱贫攻坚实践活动，收听人次超过百万。

（三）推普脱贫调研

各实践团队进村入户，开展问卷调查超过8000份，深度访谈贫困家庭1200多户，举办座谈近100场，总调查人数超过1万。北方工业大学团队深入新疆和田地区幼儿园、小学、扶贫企业、居民住户，走访调研当地学前儿童、学生、教师、青壮年劳动力普通话学习情况，发现当地推普脱贫急需解决的问题；河北科技学院团队到河北保定易县走访调研，发放调查问卷，了解当地青壮年农民国家通用语言文字的普及使用情况，对当地方言的发音特点和规律进行总结分析；江西服装学院、华东交通大学等团队召开普通话推广座谈会，了解基层干部群众的普通话学习态度和学习情况；聊城大学团队在甘肃甘南卓尼县通过普通话水平测试、问卷调查、现场走访等，调查当地藏族群众普通话交流能力。

（四）长效帮扶机制探索

很多实践团队积极探讨长效帮扶机制，巩固扩大推普助力脱贫成果。四川大学开展"青鸟"笔友活动,推动该校大学生与彝乡山区青少年建立长期的"一对一"结对书信联系;太原科技大学、西安工程大学等高校结合学校驻村扶贫工作,分别在实践地建立"推普脱贫攻坚"社会实践基地或志愿服务基地,将推普列入学校日常对口扶贫工作,开展普通话定向帮扶。

五 地方工作经验

地方各级政府尤其是贫困地区各级地方政府教育和语言文字工作部门根据《行动计划》要求,结合各自实际,深入推进推普助力脱贫攻坚行动,取得明显成效。

(一)摸排基本底数

各地积极部署安排2019年全国普通话普及情况调查工作,为实施推普助力脱贫攻坚提供数据基础。江苏、山东、甘肃、青海等省安排部署对全省脱贫相关数据进行新一轮摸底排查,进一步摸清教师、干部以及建档立卡贫困人口中青壮年农牧民的普通话培训需求,坚持分类施策、精准推普。贵州深入贫困地区开展"少数民族地区普通话教学"专项调研,对教师普通话达标情况及培训需求建档立卡,掌握教师普通话水平状况。

(二)加大培训力度

构建全方位多层次培训体系,推动教师、基层干部、青壮年农牧民等重点人群带头使用普通话,创设普通话使用环境,带动更多贫困群众学习使用普通话。江苏、安徽、山东、河南、四川、青海等地部署安排贫困县农村教师、基层干部及其他社会人员语言文字能力提升培训。河南、贵州、陕西等地将普通话培训纳入教师、青壮年农牧民、基层干部职业技能培训和各类专项培训的内容。内蒙古举办推普助力脱贫攻坚"重点人群"普通话专项培训。天津举办在津少数民族务工人员国家通用语言文字培训班,"送培到店"帮助少数民族群众"短平快"扫除语言沟通障碍。贵州推动普通话培训与职业教育同步实施,为全省职业院校举办普通话水平测试员培训班,培养一批在职业院校从事普通话教学的测试员;面向新招收的精准脱贫班学生开展送教材、送培训、送测试的帮扶活动。青海广泛发放《普通话1000句》《幼儿普通话365句》等学习教材,为深度贫困民族地区建档立卡青壮年农牧民和幼儿学生提供学习资源。

（三）发挥学校作用

甘肃临夏州推动各级各类学校切实将普通话作为教学用语，规定"上课不使用普通话的教师一律不得评优选先，不得参加任何级别的优质课竞赛"。甘肃甘南州在民族高中开展少数民族学生国家通用语教育试点工作，推动以"一类模式"① 教学为主的高中设置"二类模式"② 教学班，提高学生的国家通用语言文字水平。云南泸水市注重发挥学校对社会和家庭的辐射带头作用，通过"小手牵大手"，帮助家长学习普通话。

（四）创新推普方式

云南将青壮年农牧民普通话学习资源建设与劳务输出紧密结合，根据外出务工需要，组织编写有针对性的普通话学习资源，提升青壮年农牧民的学习积极性；以普及普通话示范村创建工作为抓手，将推普工作下到最基层，深入到每户村民家中；以"直过民族"普通话培训为契机，推广"语言扶贫"APP使用，取得明显成效。四川、西藏、甘肃、青海、新疆等"三区三州"所在省区以及山西等地与中国移动、科大讯飞共同落实省级推普脱贫攻坚战略合作，在手机定制发放、技术平台支持、手机套餐费、定向流量赠送等方面进行规划，为不具备普通话沟通能力的青壮年劳动力、"学前学会普通话"行动涉及的幼教点辅导员等免费提供定制手机和学习流量。江苏建设语言文化数字展示平台，通过在线学习和资源共享，帮助贫困群众学习普通话。

（五）落实监督检查

各地积极探索建立监督检查长效机制，在各类教育和语言文字督导评估检查中重点聚焦推普助力脱贫攻坚成效，进行常态督查、定期评估，推动责任落实。河北、山西、江苏等地部署语言文字工作督导评估，将推普助力脱贫攻坚作为督导评估重要内容，进一步推动地方政府和相关部门履行语言文字工作职责，全力抓好整改落实。山东要求各地以城市评估全面达标为契机，推进语言文字工作向农村和基层延伸。四川分析研判全省普通话普及率现状，对普及率

---

① 各科均以少数民族语言教学，加授国家通用语语文课。
② 各科均以国家通用语言教学，加授少数民族语言语文课。

较低的市州和县区进行通报，要求改进工作措施。西藏要求基层公务员参加普通话培训和水平测试，力争成为全区推普表率。

六　语言扶贫研究

联合国务院扶贫办，指导《语言战略研究》编辑部，于10月15—16日在北京举办"中国语言扶贫与人类减贫事业论坛"。教育部、国家语委、国务院扶贫办、国家民委等相关部门负责同志，专家学者，相关省份语言文字工作部门负责人及企业代表等100余人围绕"推普脱贫攻坚的经验与成效""语言能力、语言教育与脱贫攻坚""语言技术的运用、中国语言扶贫的展望与人类减贫事业"等主题深入研讨。论坛发布《语言扶贫宣言》，指出：国家通用语言文字是打破地域区隔、传播信息和技术的工具，也是阻断贫困代际传递的重要基础；学习国家通用语言文字并提升学习者的能力水平是语言扶贫的基础路径和核心经验；国家通用语言文字、少数民族语言文字、各语言的方言以及外语都是语言扶贫事业的有机组成部分，在不同的层次和领域发挥着各自的作用，它们多元和谐共存；语言扶贫在减贫事业中发挥独特作用，语言扶贫为人类减贫事业铺就了一条语言大道。

指导教育部语用所和江苏师范大学，于12月29—30日在江苏徐州召开2019年"推普脱贫攻坚"研讨会，围绕"推普助力脱贫攻坚的理论与实践"开展学术研讨，为推普助力脱贫攻坚工作提供理论支撑和学术支持。

纪念甲骨文发现 120 周年

2019 年是甲骨文发现 120 周年，为总结甲骨文发现 120 年来研究保护成果，阐释甲骨文的思想文化精髓及其在中华文明和世界文明发展史上的重要地位，展示以甲骨文为代表的中华优秀传统文化的当代价值和世界意义，弘扬时代精神，坚定文化自信，教育部、国家语委会同中央宣传部、文化和旅游部、科技部、国家文物局、中国社会科学院、河南省人民政府共同组织开展了一系列隆重的纪念庆祝活动。

一　总书记致信祝贺甲骨文发现和研究 120 周年

习近平总书记高度重视以甲骨文为代表的中华优秀传统文化传承和发展。2019 年 11 月 1 日，习近平总书记为甲骨文发现和研究 120 周年致贺信，向长期致力于传承弘扬甲骨文等优秀传统文化的专家学者们表示热烈的祝贺，并致以诚挚的问候。

（一）贺信对甲骨文研究提出明确要求

习近平总书记在贺信中指出，殷墟甲骨文的重大发现在中华文明乃至人类文明发展史上具有划时代的意义。甲骨文是迄今为止中国发现的年代最早的成熟文字系统，是汉字的源头和中华优秀传统文化的根脉，值得倍加珍视、更好传承发展。习近平强调，新中国成立 70 年来，党和国家高度重视以甲骨文为代表的中华优秀传统文化传承和发展，多部门多学科协同开展甲骨文研究和应用，培养了一批跨学科人才，经过几代人辛勤努力，甲骨文研究取得显著成就。新形势下，要确保甲骨文等古文字研究有人做、有传承。希望广大研究人员坚定文化自信，发扬老一辈学人的家国情怀和优良学风，深入研究甲骨文的历史思想和文化价值，促进文明交流互鉴，为推动中华文明发展和人类社会进步做出新的更大的贡献。这是习近平总书记首次对语言文字工作致贺信，为语言文字事业发展全局指明了方向，对凝聚战线力量、推动事业发展、建设文化强国都将发挥重要作用，也将有力促进甲骨文研究等冷门、"绝学"的传承发展。

（二）贺信在学界引发强烈反响

11月7日，教育部召开学习贯彻习近平总书记贺信精神座谈会，来自中国文字学会、中国古文字研究会、甲骨文等古文字研究与应用专家委员会以及甲骨学研究的主要高校和科研院所的专家学者出席会议。与会代表围绕学习贯彻贺信精神，并结合党的十九届四中全会精神，以及孙春兰副总理在纪念甲骨文发现120周年座谈会上的讲话精神畅谈体会。大家一致认为，贺信充分肯定了几代甲骨文研究者辛勤努力取得的显著成就，并提出殷切希望，广大学者备受鼓舞，甲骨文研究等冷门、"绝学"迎来了最好的发展时期。会议研究探讨进一步加强甲骨文研究与保护的顶层规划、协同机制、学科建设、人才培养、科研评价等问题。与会专家表示，总书记的贺信是最温暖的激励，传承甲骨"绝学"需世代接力；要担负起时代使命、攻坚克难，为甲骨文研究与应用做贡献；要走出书斋、走向社会，挖掘甲骨文时代价值，坚定文化自信。

11月25日、27日，中国社会科学院古代史研究所、河南省教育厅分别召开座谈会，学习习近平总书记贺信精神，探讨甲骨文研究与应用的新发展。

二　纪念甲骨文发现120周年座谈会

座谈会于11月1日在人民大会堂召开。中共中央政治局委员、国务院副总理孙春兰在会上宣读习近平总书记贺信，并发表重要讲话。来自全国的甲骨学专家学者，以及有关中央国家机关、文博单位等的代表160多人参加会议。

孙春兰副总理在讲话中指出，甲骨文是千年中华文明的鲜明标志，也是对人类文明的重要贡献。就落实总书记重要指示与贺信精神，贯彻党的十九届四中全会精神，进一步深化甲骨文研究与应用，孙春兰提出4点要求：一是要加强收藏保护，做好整理和信息标注，确保文物安全；二是要推进著录考释，综合运用人工智能识别等技术手段，推动研究实现新突破；三是要加大对甲骨学人才培养的支持力度，促进多学科交叉融合，不断提升综合素质和创新能力；四是要推进活化利用，弘扬中华优秀传统文化，深化国际交流，彰显甲骨文的文化魅力和时代价值。

　　教育部部长陈宝生在发言中介绍了"甲骨文等古文字研究与应用"专项工作的成效，表示将认真学习贯彻总书记贺信精神，按照孙春兰副总理讲话要求，继续会同有关部门，重点加强甲骨文研究关键领域的联合攻关、创新研究方法和技术手段、加强人才培养和学科建设、抓好内涵挖掘和传承转化。河南省副省长霍金花介绍了河南在甲骨文保护和研究方面的举措、成效，表示要发挥河南省独特的资源优势，加快推进甲骨文相关的文化产业项目、展示交流活动，大力支持甲骨文研究和保护，促进学术成果的转化应用。来自清华大学、吉林大学、中国社会科学院、国家图书馆的专家代表分别发言，围绕甲骨文的人才培养、师资队伍建设、保护性整理、宣传推广、协同创新攻关等提出建议。

三　纪念甲骨文发现120周年国际学术研讨会

　　研讨会于10月18—20日在河南安阳召开。会议由中央宣传部、教育部、文化和旅游部、科技部、国家语委、国家文物局、中国社会科学院、河南省人民政府联合主办，由中国社会科学院中国历史研究院、河南省教育厅、河南省文化和旅游厅、河南省文物局、安阳市人民政府承办。国内外甲骨文研究领域的专家学者、国家相关部门负责人等200余人出席会议，中国古文字研究会等10余家单位和个人发来贺信贺电。会议围绕甲骨文发现120周年的回顾与展望、甲骨文与殷墟考古研究、甲骨文保护整理与研究、甲骨文大数据平台构建等10项议题展开学术研讨，交流了甲骨文信息处理等前沿性、前瞻性问题，以及甲骨文研究中的热点、疑点、难点问题。

　　研讨会期间，"全国甲骨文书法篆刻展""商代文字展""活化·传播·创新——甲骨文文化传播与发展主题论坛""传承基因·书写文明——120名书法家现场书写甲骨文特色活动""1200名学生现场书写甲骨文活动"等宣传纪念活动相继在安阳开展，面向社会积极普及传播甲骨文和汉字文化。

四　"证古泽今"甲骨文文化展

　　展览于2019年10月22日至2020年1月7日在国家博物馆举行。这是国家博物馆第一次举办以甲骨文为主题的文化展，也是馆藏甲骨的第一次大规模展示；同时还汇集了国家图书馆、山东博物馆、南京博物院、中国社会科学院考古研究所等单位的20余件重要甲骨文物。展览包括"契文重光""契文释史""契于甲骨"3个单元，内容涵盖甲骨文发现、甲骨文内容和甲骨文研究，共展出近190件套甲骨、青铜、玉石、书籍等实物。展览共接待观众27万余人次。期间，国家博物馆通过微博、微信、专题网页，全方位多角度推介展览内容；摄制系列短视频，在央视频、学习强国、抖音等平台播放，引发了全社会对甲骨文及其研究的空前关注。配合文化展，"国博讲堂"还组织了《殷墟考古与甲骨学》《一个字与一座王都》等主题讲座。

文化展受到社会广泛赞誉，被《中国日报》评为"2019年的十大展览"之一。联合国教科文组织、国务院新闻办公室、文化和旅游部、教育部、国家文物局等单位团体，以及众多甲骨文等古文字专家和文化学者观展。

五 "甲骨春秋"主题纪念

组编发行《甲骨春秋》纪念册，以科学考古发掘材料为中心，展示甲骨学多方面的重要成果，集中呈现甲骨文发现120年来具有代表性和纪念意义的重要发现、重大事件、重要活动、重要著作、重要人物等。组织拍摄《甲骨春秋》纪录片，反映甲骨学120年发展历程，特别呈现在党和国家高度重视下甲骨文研究保护工作取得的丰硕成果，于11月22日在央视纪录片频道播出。此外，《甲骨学发展120年》、《甲骨文与殷商史》（新八辑和新九辑）"纪念殷商甲骨文发现120周年专辑"等相关论著和集刊出版，丰富了纪念活动的内容。

六 媒体关注引发社会"甲骨文热"

纪念甲骨文发现120周年系列活动受到媒体高度关注，关于甲骨文的宣传报道持续加强，在社会上掀起一股"甲骨文热"。《人民日报》《人民日报（海外版）》《新华每日电讯》《光明日报》《科技日报》《工人日报》《中国文化报》，以及新华社、中央电视台、人民网、光明网、中国新闻网等多家中央媒体和地方媒体报道座谈会、学术研讨会和甲骨文文化展情况。《人民日报》《光明日报》等刊登人物专访和专家文章,《人民日报（海外版）》《文汇报》《河南日报》《大河报》等推出甲骨文专版，中央电视台先后播出新闻调查《发现甲骨文》（新闻频道）、焦点访谈《因为刻骨，所以铭心》（新闻频道）、考古公开课《甲骨文的前世今生》（科教频道）等多档甲骨文专题节目。仅10月份，在甲骨文文化展开幕后一周多的时间内，已有相关网络新闻1531篇、报刊文章110篇、论坛文章123篇、APP文章356篇、微信推文851篇、微博269条，新华社客户端相关内容阅读量超过100万次。

第22届全国推广普通话宣传周

2019年9月16—22日是第22届全国推广普通话宣传周(以下简称"推普周")。教育部、国家语委联合全国推普周领导小组各成员单位,指导各地围绕宣传主题,结合推普助力脱贫攻坚、传承发展中华优秀传统文化等重点工作,开展宣传活动,营造宣传氛围,引导全社会学习使用国家通用语言文字,推动语言文字工作再上新台阶。

一 弘扬爱国情怀

为庆祝新中国成立70周年,本届推普周主题确定为"普通话诵七十华诞,规范字书爱国情怀"。全国推普周领导小组组长、教育部部长陈宝生就做好推普周相关工作专门批示,提出要求。他指出,全国推广普通话宣传周举办22年来,已成为推广国家通用语言文字、提升公众文化素质、传承中华优秀文化的重要平台,对促进经济社会发展、推动中华文化弘扬传承、增进民族团结、增强国家文化软实力起到了积极作用。他强调,在新形势下,要坚定不移贯彻落实国家语言文字方针政策,大力推广国家通用语言文字,加强学校语言文字工作,努力实现到2020年普通话基本普及的目标;要加大推普脱贫攻坚力度,充分发挥普通话提高劳动力基本素质的重要作用;要弘扬传承中华优秀语言文化,让"文字活起来",引领全社会特别是广大青少年写好"方块字",说好普通话,感悟博大精深的中华文化,为他们的人生打上鲜亮的中国底色。他要求以推普周为抓手,创新宣传方式,调动社会各方面力量,形成共同参与支持语言文字工作的浓厚氛围,推动语言文字工作再上新台阶,以优异成绩庆祝新中国成立70周年。各级教育行政部门与语言文字工作部门积极落实陈宝生同志批示精神,通过开展内容丰富、形式多样、特色鲜明的系列活动,抒发爱国情怀,弘扬中华优秀语言文化。

教育部、国家语委等于9月16日在上海举行第22届推普周开幕式暨庆祝中华人民共和国成立70周年经典诵读展示活动，邀请朗诵艺术家、中西部师生代表以及中华经典诵写讲大赛获奖选手等，通过诵读展现语言文字事业70年发展历史与成就，庆祝新中国成立70周年。

  各地围绕新中国70华诞，结合中华优秀语言文化传承弘扬，开展丰富多彩的主题宣传活动。天津举办第十届"感恩伟大祖国　增进民族团结"演讲比赛和第五届内高班少数民族学生普通话比赛。江苏开展"献给祖国的声音——庆祝新中国成立70周年经典诵读进校园"巡演和"春华秋实，四季流芳——庆祝新中国成立70周年'常州吟诵'诗会"等活动。福建开展"2019少年中国颂"大型校园诵读活动，组织知名主播、专家学者、先进模范人物等走进70所中小学开展朗诵活动。湖北举办以"诵七十华诞，书军运华章"为主题的农村中小学教师普通话大赛。四川举办庆祝新中国成立70周年中华经典诵写讲演系列活动主题展演暨颁奖典礼。河北举办"第三届河北师生汉字书写大会暨京津冀师生书法作品展"和"第二届'新声'大学生语言文化艺术节"。辽宁举办第二届"小学生报杯"中小学生汉字书写、普通话演讲和中华经典诵读等语言文字应用能力展示活动。吉林举办高校学生语言文字基本功比赛、中小学诗词大会和规范汉字书写比赛。安徽举办第二届全省中小学优秀传统文化知识竞赛。宁夏组织20多名书法家分赴南部山区和中部贫困地区的22所中小学开展书法教学与展示等系列活动。新疆组织各级各类学校师生和基层干部学习《国家通用语言文字法》并开展知识竞赛，结合9月"民族团结一家亲"访亲活动调研了解少数民族群众普通话掌握情况，发挥国家通用语言文字在激发爱国情怀、筑牢中华民族共同体意识中的独特作用。

二　打造宣传矩阵

  充分调动各地、各部门能动性，广泛利用各类宣传媒体，以主流媒体、新媒体、公共场所为重点，打造全方位、全媒体、广覆盖宣传矩阵，在全社会营造推广普通话的浓厚氛围。

  在中央媒体发表纪念文章。9月17日，《光明日报》刊发全国推普周领导小组副组长、教育部副部长、国家语委主任田学军的署名文章《谱写国家通用语言文字推广普及新篇章》，总结新中国70年来语言文字事业的发展成就，擘画新时代语言文字事业发展。田学军要求全国语言文字战线牢牢把握新时代国家通用语言文字推广普及工作新目标新任务新要求，坚持依法推广、精准施策、遵循规律、创新发展，着力解决国家通用语言文字推广普及中存在的发展不平衡、不充分等问题，持续提升学校的推普主阵地作用，大力加强幼儿园和小学阶段的普通话教育教学，有效控制不会国家通用语言文字人口的"增量"；紧紧围绕坚决打赢脱贫攻坚战，充分发挥普通话提高劳动力基本素质的重要作用，逐步减少不会国家通用语言文字人口的"存量"；加强组织领导和统筹规划，加大政策支持和条件保障力度，提升国家通用语言文字推广普及"质量"，确保如期实现"书同文、语同音"的千年梦想。

加大媒体宣传力度。发挥主流媒体传播优势，推动中央电视台滚动播出公益广告，通过《新闻联播》《新闻直播间》等栏目持续播报推普周活动情况；推动《中国教育报》、中国教育电视台等开展推普周专题宣传报道，新华网、人民网、央广网、中国青年网等网站播发推普周活动动态。发挥新媒体传播优势，在"学习强国"APP（应用程序）推出推普周专项答题；通过教育部"微言教育"、光明日报"语情局"以及"中华经典诵读工程""推普脱贫攻坚"等微信公众号开展专题宣传；在微博发起"普通话诵七十华诞""我与普通话的故事"等话题互动，参与人次超过6000万。指导各地教育与语言文字工作部门积极挖掘本地媒体资源，播出公益广告，推出国家通用语言文字推广普及专题节目，宣传报道本地推普周活动。

营造公共场所宣传氛围。会同交通部、中国国家铁路集团公司、中国民用航空局、文化和旅游部等部门，在全国特别是中西部地区的交通枢纽、文化场馆、旅游景区、社区街道等张贴宣传海报、播出公益广告。指导各地教育与语言文字工作部门协调同级宣传、城市管理、绿化灯光等部门，通过悬挂宣传横幅、张贴宣传海报和宣传标语、设置公益广告牌、在景观灯光显示宣传口号、在景观电子屏播放公益广告等，在公共场所营造推普宣传环境。

三　动员多方参与

整合8家全国推普周领导小组成员单位、29家国家语委委员单位优质资源，聚焦民族地区、贫困地区和党政机关、新闻媒体、学校教育、公共服务等语言文字工作重点领域，广泛开展推普宣传活动。党政机关、部队等积极开展对公务员和部队官兵的国家通用语言文字培训活动。新闻媒体发挥行业优势，开展

"普通话进社区""推广普通话，主播进校园""啄木鸟查错纠错"等推普宣传和语言文字规范活动。公共服务行业将学习贯彻《国家通用语言文字法》与行业文化建设、精神文明创建等活动结合起来，开展具有行业特色的宣传、规范和培训活动，提升行业人员的普通话应用和服务水平。

指导各地教育与语言文字工作部门发挥语委统筹协调职能，推动地方行业部门开展推普宣传活动。天津市商务局举办全市商务系统中华经典演讲比赛，印制发放1600张推普海报；市财政局组织全局干部关注"普通话天津"微信公众平台，开展"我为财政改革献一计"普通话宣讲、线上普通话趣味答题、绕口令和朗诵比赛等活动。重庆市公安局制定《全市公安机关大力推广使用普通话工作实施方案》，开展全警实战大练兵，举办"文化大讲堂""微党课大赛""微团课评选""主题演讲比赛""110好声音"等语言类活动89场；市民政局积极开展普通话知识培训、朗诵和读书心得分享等活动。

四 推动事业发展

以推普周为契机，扎实推进推普脱贫攻坚、普通话培训测试、语言文字工作督导评估等重点工作任务，促进新时代语言文字事业全面发展。

（一）以推普周为契机推动推普助力脱贫攻坚

支持"三区三州"及中西部省区的60个县域开展"推普下乡"等活动，指导各地开展"普通话+职业技能"培训活动，进一步强化农村、民族地区特别是贫困地区的推普工作，加大推普脱贫攻坚实施强度，助力打赢脱贫攻坚战。9月23日，在贵州黔东南州凯里举办以"推普脱贫攻坚"为主题的推普周闭幕式，全国推广普通话宣传周领导小组副组长、教育部副部长、国家语委主任田学军出席并讲话；闭幕式后，田学军带队深入黔东南州、铜仁市的村寨和学校开展推普助力脱贫攻坚专项调研。

贫困地区所在省区的推普周活动重心下沉，进一步向重点区域、重点人群倾斜。安徽深入月潭水库移民安置点等贫困地区开展"推普下乡进库区"活动。湖南"送培到乡"，开展推普脱贫培训走访。广西开展推普周走基层宣传活动，"推普宣传大篷车"深入农村、边远、民族地区发放宣传资料，召开推普脱贫座谈会。江西编印下发3万本《轻松说好普通话》农村推普教材，采取送教下乡、基层推普宣讲、举办推普脱贫培训班等多种形式，对建档立卡贫困户青壮年农民开展普通话培训。海南开展"人人通"推普脱贫示范村村民普通话专项培训。重庆对万州、武隆、铜梁、垫江、巫山等重点区县"送培上门，送测上门"开展普通话水平培训与测试。湖北对30多个县域开展推普助力脱贫攻坚落实情况调研。四川在凉山州雷波县等5个县（市）举办推普周系列重点宣传教育活动，结合"青春志愿爱在社区"大学生志愿服务活动，把诵读节目送到基层社区。陕西拨付专项经费，支持周至县等5个重点县（区）开展推普周活动。新疆将农村、牧区、边远少数民族聚居地区和重点支持的9个县作为推普周活动重点县域，以青壮年农牧民为重点人群，在农民夜校举办形式多样、丰富多彩的学习活动；推普周期间，全区共组织村民开展演讲比赛31 957场次、知识竞赛2219场次、座谈会931场次。

（二）以推普周为契机推动普通话培训测试

推普周期间，江苏举办港澳台及外籍人士普通话水平测试；湖南举办语言文字规范标准培训班、第43期普通话水平测试员资格考核培训班、第3期贫困地区中小学语言文字骨干教师研究班等多层次多类型培训班，累计培养基层推普骨干1000多人；海南推动各市县加大对普通话未达标教师的培训力度，8000多人参加普通话水平提高培训；贵州对全省16个深度贫困县的学前教师普通话情况进行摸底排查，对未达标教师开展线上线下结合的集中培训，免费发放普通话水平测试用书3000余本、网络学时卡3000余张；河南举办在豫少数民族群众国家通用语言文字培训班，并组织参加普通话水平测试。

（三）以推普周为契机推动其他日常工作

推普周期间，浙江大力推进"区域语言文字规范化"创建工作，以农村地区为重点，结合城镇化、新农村、美丽乡村建设，实现推普全覆盖，目前全省31个县市区、700多个乡镇、8000余所学校通过规范化达标验收；安徽芜湖市完成对芜湖县、繁昌县、南陵县、无为县的督导验收，全面完成对全市所有县区的县域语言文字督导评估工作；上海、江西、山东等地广泛组织"啄木鸟"等语言文字规范监测活动和志愿者培训活动。河北将推普周发展为"双推月"，开展"推广普通话、推行规范汉字"捐书助教等活动。

语言文字规范化标准化信息化建设

2019年，教育部、国家语委制定颁布一系列规范标准促进汉语音韵规范、汉语词汇规范和外语词中文译写规范，完成一系列语言文字信息化工程项目服务社会应用，加强面向中小学教师、"推普助力脱贫"相关工作人员等的语言文字规范标准培训，推动语言文字规范化标准化信息化建设取得重要进展。

一　当代汉语音韵规范

颁布试行国家语委语言文字规范《中华通韵》（GF0022—2019），推动中华诗词新韵的使用和规范，助力全民族文化素养提升，促进中华优秀语言文化传播和发展。该规范坚持面向教育、面向现代化、面向未来，以语言文字法律法规和规范标准为依据，以音韵学理论和诗词创作实践为基础，强调国家通用语言——普通话在诗歌、戏曲等韵文创作中的通用性，韵部划分与各部韵字服从《汉语拼音方案》，共16个韵部。该规范有利于引导广大人民群众更加热爱、学习和创作诗歌，也有利于专家学者对新韵作品的研究，是适应语言发展变化、时代进步的重要成果和新时代中华传统诗词持续发展的新标志。该规范的实施不会取代旧韵书，而是将新韵使用规范化、普及化，服务广大群众、诗词爱好者、特别是青少年学习与创作诗词等韵文的需求；将在尊重个人选择，"知古倡今、双轨并行"的原则下，与当前使用的旧韵书并存。该规范3月13日通过国家语委语言文字规范标准审定委员会审定，7月15日发布，11月1日起试行。

二　义务教育词汇规范

出版绿皮书软规范《义务教育常用词表（草案）》（以下简称《词表》），推动基础语文教育词汇的规范。《词表》共有音序词目15 114个，义类词目17 092个；所收词是普通话中的通用词，具有通用性、常用性、基础性、语文性、规范性等特点;分为4级,分别对应4个学段;包括"音序表"和"义类表",前者将词条按音序排列,后者将词条按语义的相同相近或相关就近排列,以利词汇的教学、掌握与拓展。《词表》是词表而非词集,是学习性词表而非通用性词表,是面向母语学习者的基础教育词表,具有书面语词汇系统的学习功能、对母语社会的认知功能,体现了词汇的习得规律。《词表》既是国家语委科研和规范标准研制工作的一项重要成果,也是语言文字工作积极服务教育事业发展的一项具体实践。《词表》为我国义务教育阶段的汉语词汇教学提供了可以量化的标准,为中小学教材、分级读物、学生工具书的编写提供重要参考,还将服务于汉语国际教育、中文信息处理和机器翻译等领域。《词表》于5月由商务印书馆出版。5月31日,《词表》出版座谈会在京召开,会议研究了《词表》的推广应用工作。

三 外语词中文译写规范

发布第八批推荐使用的外语词中文译名,推动外语词中文译写规范。第八批译名共23组,主要选取经济、科技领域中与社会生活联系紧密、新近出现、中文译名尚不稳定的外语词,也关注新出现的译名,特别是具有社会应用潜力的词条,如应用程序/应用软件(APP/app)、停车换乘(P+R/P&R)等。第八批译名经7月10日外语中文译写规范和中华思想文化术语传播部际联席会议专家委员会第七次审议会审议通过,8月8日通过教育部网站发布。具体见表1-1。

表1-1 第八批推荐使用的外语词中文译名

序号	类别	外语词缩略语	外语词全称	中文译名1	中文译名2
1	科技	APP App app	Application	应用程序/应用软件	应用
2	经济	IPO	Initial Public Offering	首次公开募股	首次公开发行股票
3	经济	PPP	Public-Private Partnership	政府与社会资本合作	
4	经济	ETF	Exchange Traded Fund	交易型开放式指数基金	交易所交易基金

（续表）

序号	类别	外语词缩略语	外语词全称	中文译名1	中文译名2
5	国际组织	TPP	Trans-Pacific Partnership Agreement	跨太平洋伙伴关系协定	
6	经济	M2	Broad Money	广义货币供应量	广义货币
7	经济	FOF	Fund of Funds	基金中基金	母基金
8	经济	QDII	Qualified Domestic Institutional Investor	合格境内机构投资者	
9	经济	QFII	Qualified Foreign Institutional Investor	合格境外机构投资者	
10	科技	NFC	Near Field Communication	近场通信	
11	科技	IDC	Internet Data Center	互联网数据中心	
12	经济	MACD	Moving Average Convergence and Divergence	指数平滑移动平均线	
13	社会生活	P+R P&R	Park and Ride	停车换乘	
14	经济	RQFII	RMB Qualified Foreign Institutional Investor	人民币合格境外机构投资者	
15	经济	P/B PBR	Price-to-Book Ratio	市净率	市账率
16	经济	LOF	Listed Open-Ended Fund	上市开放式基金	上市型开放式基金
17	社会生活	MPA	Master of Public Administration	公共管理硕士	
18	经济	MPA	Macro Prudential Assessment	宏观审慎评估	
19	经济	ROE	Return on Equity	净资产收益率	股权收益率
20	医学	CDC	Center for Disease Control and Prevention	疾病预防控制中心	疾控中心
21	科技	SSD	Solid State Disk Solid State Drive	固态硬盘	固态盘
22	经济	GNP	Gross National Product	国民生产总值	
23	经济	P/E PER	Price Earnings Ratio	市盈率	本益比

第一部分 年度重点工作

截至2019年底，外语中文译写规范和中华思想文化术语传播部际联席会议专家委员会审定发布推荐使用的外语词中文译名共8批139组。

四 语言文字信息化工程项目

全球中文学习平台、汉字全息资源应用系统、北京冬奥项目知识图谱资源及问答系统等语言文字信息化工程项目上线，服务社会使用。

（一）全球中文学习平台

全球中文学习平台[①]是在教育部、国家语委指导下，由科大讯飞股份有限公司研发的汇聚各类中文学习资源、面向全球中文学习者的智能语言学习平台，10月25日开通上线。平台充分利用人工智能和互联网等先进技术手段，针对不同年龄、地域的学习者，包括非母语学习群体，提供个性化的学习资源和工具。平台具有智能化和个性化、公益性和开放性相结合的特点，融合语音智能技术、文本分析技术和智能学习技术，为学习者定制个性化学习方案，并支持实时反馈，帮助学习者提升学习兴趣和学习效率。平台以提供免费学习资源为主，突出公益性质。平台建设采取"政府指导、联盟支撑、市场运作"的方式，10月24日成立"全球中文学习联盟"，推动资源共建、成果共享的开放式建设模式逐步形成。平台是语言文字事业应对新时代人工智能、大数据、云计算等新技术不断发展带来的机遇和挑战的重要举措，为创建"人人皆学、处处能学、时时可学"的学习型社会提供了重要支撑。

（二）汉字全息资源应用系统

汉字全息资源应用系统[②]是国家语委重大基础资源建设项目"通用汉字全息数据库建设"的标志性成果，由国家语委中国文字整理与规范研究中心（北京师范大学）研制，北京师范大学汉字研究与现代应用实验室负责实施，1月11日建成上线。该系统在新型汉字学理论指导下，运用数据库技术、信息挖掘技术、可视化技术等现代化手段，从形、音、义、用、码5大维度，较为全面地呈现古今汉字的属性体系，构建了一个科学、系统、实用的汉字全息资源应用

---

① 平台网址：www.chinese-learning.cn。
② 系统访问地址：http://qxk.bnu.edu.cn/。

平台，开发了在线单字查询、综合检索、历代辞书检索、属性系联检索等服务功能。该系统可作为基础教育及汉语国际教育领域的教学平台，文字学及相关专业领域专家学者的科研平台，以及国内外文化爱好者的学习平台。

（三）中华精品字库工程

中华精品字库工程是"中华优秀传统文化传承发展工程"支持项目，由中国文联、国家语委共同指导。项目将精选100款中国历代书法名家作品，开发成计算机字库，满足社会大众和互联网媒体日益增长的多样化汉字字体需求。中国书法家协会负责字体的遴选和质量审核，北京北大方正电子有限公司负责字库的技术开发。8月22日，工程发布首批12款字体，包括：王羲之行书、颜真卿楷书、柳公权楷书、苏轼行书、米芾行书、文征明行草、王铎行草、爨宝子楷书、鲁迅行书、沈尹默行书、启功行楷、刘炳森隶书。

（四）北京冬奥会语言服务信息化系统

研发北京冬奥会语言服务信息化系统是落实《北京冬奥会语言服务行动计划》，创新语言文字服务方式、服务国家发展需求的重要体现。2019年完成"北京冬奥项目知识图谱资源及问答系统"和"冬奥术语平台V2版"建设。

"北京冬奥项目知识图谱资源及问答系统"由北京语言大学语言资源高精尖创新中心和中国科学院软件研究所共同建设，9月26日正式发布。项目构建了大规模知识图谱，完整覆盖5类冬奥核心实体（项目、赛会、运动员、比赛、参赛队），设计多种类型的知识展示服务，研发了语音和文字两种输入方式的"智能问答平台"，提供实时便捷的冬奥会问答服务，为普及冬奥知识、宣传冬奥文化提供了全方位、立体化手段。系统的建成与发布，为有效解决冬奥会信息服务中的知识碎片化、智能化和个性化不足、立体化和关联化不足等问题提供了重要技术支持。

冬奥术语平台V2版在V1版基础上，完成冬奥核心竞赛术语中、英、法、俄、德、韩6个语种词条的翻译，新增与冬奥会首场测试赛相关的高山滑雪等多语言竞赛术语，开发术语标注和提取功能，推出移动端APP，12月11日交付北京冬奥组委。

五　语言文字规范标准培训

将语言文字规范标准宣传贯彻和推普助力脱贫攻坚工作有机结合，以提升中小学教师、语言文字战线工作人员、"推普助力脱贫"相关工作人员的语言文字政策水平和规范使用国家通用语言文字的意识、能力为目标，明确培训需求，完善培训内容，提升培训质量。全年共举办9期语言文字规范标准培训班，其中，2期"国培计划"班、1期地方教育系统干部培训班向中西部地区尤其是"三区三州"倾斜；6期到中西部地区开展"下沉式"培训，分别在西藏、江西、湖南、陕西、四川、重庆举办。共培训学员1521名，其中，来自中西部地区学员1368名，来自"三区三州"学员321名。培训内容除语言文字规范标准核心课程外，增设"推普助力脱贫"专题课程，系统介绍习近平总书记关于扶贫的重要论述，讲解推普助力脱贫攻坚相关政策和举措，以及需要处理的有关问题。培训与"推普助力脱贫"调研相结合，开展大规模问卷调查，召开学员座谈会，深入农牧民家庭实地走访，完成《精准对接贫困地区推普助力脱贫攻坚工作调研报告》。

中华经典诵读工程

2019年,教育部、国家语委深入实施"中华经典诵读工程"(以下简称"工程"),进一步加强统筹规划,继续打造品牌活动,不断强化师资培训,积极促进与港澳台地区等语言文化交流合作,努力提升社会影响、扩大参与范围,切实发挥语言文字在传承发展中华优秀传统文化、革命文化和社会主义先进文化中的重要作用,增强全社会语言自信和文化自信。

一 加强统筹规划

在语文出版社设立中华经典诵读工程秘书处,负责协助教育部、国家语委统筹规划工程实施,协助落实各项重点工作任务,承担"中华经典诵写讲大赛"组委会办公室职能,开展宣传培训和研讨交流。

建设"中华经典诵读工程"网站[①]和"中华经典诵读工程"微信公众号[②],宣传工程推进情况,传播共享经典诵读优质资源,辅助开展中华经典诵写讲大赛和群众性诵读活动。3月初正式上线运行,截至12月底,网站页面浏览量累计达5760万次,微信公众号推送1000余篇图文消息、关注人数近60万。

召开2019年中华经典诵读工作研讨会,交流研讨工程进展情况、地方经验、存在问题及下一步推进计划,就加大全媒体宣传力度、推广典型案例与经验、提升内涵质量、打造新亮点、增加新抓手等做出全面部署。系统梳理各地党的十八大以来开展中华经典诵读活动的情况,汇编成册并介绍推广。

指导各地结合实际扎实推进工程实施。江苏结合精神文明建设,开展小学生"讲家风故事"等活动,通过媒体平台宣传家风读本展播作品。云南通过"彩龙社区"APP(应用程序)开展经典诵写讲活动。四川结合推普助力脱贫攻坚举办"读诵写讲演"系列活动,累计举办各项赛事320余场,省级现场展评

---

① 网址:www.songdujingdian.com。
② 微信公众号:zhjdsdgc。

和主题展演 5 场,直接参与和网络关注人数超过 500 万人次。福建以"学习新思想做好接班人"为主题开展朗诵活动。广西结合本地民族特色和国际交流特色,组织壮族学生与外国留学生开展诵读活动。

二 组织品牌活动

继续举办第四季《中国诗词大会》,精心组织 2019 年度"中华经典诵写讲大赛",深入开展"送经典下基层"系列活动,打造中华经典诵读活动品牌。

(一)中国诗词大会

联合中央广播电视总台以"赏中华诗词、寻文化基因、品生活之美"为宗旨继续举办第四季《中国诗词大会》,进一步融合古典诗词的审美价值、艺术价值和现实价值,提升比赛悬念,丰富比赛层次,努力发挥中华优秀传统文化对社会大众尤其是对青少年群体的作用和影响。节目于 2 月 5 日起播出,截至 2 月 18 日,在央视综合频道和科教频道累计不重复观众规模达 3.89 亿人;视频播放量和微博阅读量超过 6.67 亿次,其中视频播放量比第三季增长 54.7%,微博阅读量猛增 262%。

(二)中华经典诵写讲大赛

举办 2019 年中华经典诵写讲大赛(以下简称"大赛"),以"诵古今经典、写华夏文明、讲中国故事"为主题,围绕"诵""写""讲"特色,通过经典诵读、诗文创作、学生篆刻、诗词讲解 4 项分赛事传承优秀文化、抒发家国情怀,为庆祝新中国成立 70 周年营造良好氛围。其中经典诵读大赛主要面向学校及社会展开,体现普适性强、民众参与度高特点;诗文创作大赛和学生篆刻大赛以学生群体为主体,凸显以青少年为抓手弘扬传承中华优秀传统文化的特色;诗词讲解大赛专门面向全国中小学教师,以古典诗词教学讲解为主要内容,充分发挥老一辈爱国学者在"中国精神"塑造中的引领作用,推动中小学诗词教育教学发展。

大赛吸引全国数十万学生、教师及社会各界人士参与,共收到参赛作品 76 658 个,经初赛、全国复赛、现场决赛(或专家评审)等环节,最终确定获奖作品 3239 个,优秀指导教师 125 人,优秀组织奖 133 个。大赛注重多渠道

协作、多媒体传播,打造中华优秀语言文化传播推广的宣传阵地,扩大影响力,通过门户网站、电视、报刊、城市电视、移动电视等20多家传统媒体和新媒体联合宣传,垂直覆盖群体达1000多万人次。大赛注重规范运作,全力提升赛事权威性和影响力,打造语言文化活动精品,激发社会大众尤其是学校师生参与诵写讲活动的积极性与热情。

(三)送经典下基层活动

指导河北、山西、辽宁、江西、河南、湖北、广西、重庆、云南、甘肃10省(市)结合本地实际,组织开展2019年"送经典下基层"系列活动。支持各省组织诵读、书法、诗词等名家进校园,推动高校、媒体、文化社团等与周边社区和边远、民族地区县乡"结对子",通过节目巡演、培训讲座、作品巡展、资料赠送等多种方式推进经典诵写讲实践,将优质师资、展览、文化作品、经典学习资源等送到基层。10省(市)36家单位共组织"送经典下基层"活动510场,其中举办各类培训145场、乡村课堂130次、书画展41场、诵读活动135场、文艺演出59场;参与志愿服务人数964人,服务群众近5万人;与民族地区和边远山区的学校、单位等"结对子"83个;在电视、广播、报纸、网络等各种新闻媒体宣传报道106篇。活动得到社会普遍好评,在引领基层语言文字工作、推普助力脱贫攻坚、提升青少年语言文化素养方面起到积极作用。

三 强化师资培训

委托国家开放大学国家数字化学习资源中心对五期400集1.2万分钟"中华经典资源库"视频资源进行课程化改造,并通过师资培训方式深度利用。开展中华经典诵读网络专项培训,先后组织20个班次面向全国近一万名中小学语文教师实施线上培训,平均结课率96.6%、作业提交率98.46%,远超同类网络培训课程,覆盖广、功能全、影响大、持续久。

委托江苏师范大学举办2019年国培计划——中小学经典诵读教育骨干教师培训班,委托西南大学、华南师范大学、郑州师范学院、贵州师范大学、新疆艺术学院等5所高校分别面向全国、片区中小学教师(语文教师为主)举办中华经典诵写讲骨干师资培训班,扎实开展中华经典诵写讲教学与实训,提高中小学教师专业素养和教学水平，累计完成 620 名骨干教师面授培训。

四　促进交流合作

首次举办港澳与内地中学生语言文化交流夏令营活动、海外中文教师中华经典诵写讲研修活动，连续第四年举办中华经典诵读港澳展演交流活动、港澳教师普通话能力提升研修活动，连续第六年举办两岸学生语言文化交流夏令营活动。

（一）中华经典诵读港澳展演交流活动

组织南京艺术学院、天津师范大学和上海师范大学 3 所高校 40 名师生于 4 月 8—14 日赴香港、澳门开展中华经典诵读展演交流活动。4 月 10 日在澳门濠江中学附属英才学校举行澳门展演会，澳门有关社会团体、中小学师生代表逾 500 人出席。4 月 12 日，在香港东华三院黄笏南中学举行香港展演会，香港教育界人士、中小学师生等 1000 余人出席。2 场展演会由 3 所内地高校师生以及港澳中小学师生联袂完成，通过多种艺术形式展示普通话的语言魅力，展现经典诗文作品的永恒之美。活动期间，展演团全体成员还分别赴澳门圣若瑟教区中学第五校、澳门坊众学校（小学部）、香港保良局何寿南小学、香港东华三院冯黄凤亭中学等 4 所学校与师生们开展互动交流，实地了解港澳中小学教育和普通话使用情况；赴香港浸会大学座谈交流，了解香港高校相关学科及专业设置情况。

（二）港澳与内地中学生语言文化交流夏令营活动

活动于 7 月 20—29 日在广东举行，100 余名粤港澳中学生参加。夏令营以"品经绎典，青春筑梦"为主题，安排青少年中华礼仪、经典诵读基础、中华武术、中华美文诵读、中学生创意写作等优秀传统文化课程及讲座，并组织参观威远炮台、虎门海战博物馆、可园等历史文化遗产。港澳与内地中学生同吃同住同学习，既增强了三地学生的友谊，也增进了对中华优秀传统文化及岭南文化的深入了解。华南片区中华经典诵写讲师资培训班与夏令营同期举办，活动期间，营员与培训班 100 余名教师结对交流，增进了对中华优秀传统文化及岭南文化的深入了解，展示了新一代粤港澳中学生的精神风采。

（三）港澳教师普通话能力提升研修活动

活动于7月22—31日在中国海洋大学举办，来自香港、澳门的96位教师参加。研修活动包括语言学术讲座、文化研修考察、普通话语音辅导与练习、普通话水平测试等项目，涉及普通话与粤方言语音对比、普通话朗读技巧、古典诗词阅读与欣赏、常用成语文化基因密码等内容。培训期间，对每位学员进行普通话语音摸底检测，并根据摸底情况有针对性地安排强化训练和个别语音辅导。培训结束时安排普通话水平测试，参训教师普通话测试平均成绩达到二级乙等（港澳普通话科教师的入职要求）及以上。

（四）两岸学生语言文化交流夏令营活动

活动于7月6—15日在福建泉州举行，主题为"丝路传经典，泉州再启航"。台湾泰雅族等少数民族中学生和福建各地市中学生300多人参加活动。夏令营邀请知名专家学者为营员进行诵读、演讲、书法、文学创作以及传统文化等方面的讲座，组织营员与泉州师范学院学生进行一对一交流，组织参观泉州开元寺、中国闽台缘博物馆、永春白鹤拳展示、福州三坊七巷、马尾船政博物馆等，增进了营员对闽南地区历史文化的了解。

（五）海外中文教师语言文化研修

活动于12月22—30日在暨南大学举办，来自26个国家和地区的101位海外中文教育工作者参加。主要围绕海外中文教师的诵读技巧、规范书写、中文教学技巧、经典作品赏析等内容设计课程，组织学员开展诵写讲的实训演练、专题讨论、普通话水平测试等，并赴广州、深圳体验岭南民俗文化，见证新中国改革发展取得的巨大成就。培训有效提升了海外中文教师的专业素养和教学能力，探索了服务海外中文学习者的手段和途径。

中国语言资源保护工程

2019年是中国语言资源保护工程一期建设的收官之年，田野调查工作超计划数完成，重大标志性成果《中国濒危语言志》丛书正式出版，教育部、国家语委对工程一期建设情况进行全面总结并评选表彰先进集体和先进工作者。

一　田野调查

全年共设212个田野调查点，其中方言类调查点126个，少数民族语言类调查点86个。截至2019年底，工程共完成1712个调查点语言资源调查，超预定计划数14.13%。其中汉语方言调查点1131个，少数民族语言调查点324个，濒危语言方言调查点152个，语言方言文化调查点105个。遍布全国31个省（自治区、直辖市）、新疆生产建设兵团及港澳台地区，覆盖123个语种和全部汉语方言。具体见表1-2：

表1-2　中国语言资源保护工程一期建设田野调查点

序号	省（区、市）	汉语方言点	少数民族语言点	濒危语言方言点	语言方言文化点	合计
1	北京	8	-	-	1	9
2	天津	13	-	-	1	14
3	河北	35	-	-	2	37
4	山西	55	-	2	6	63
5	内蒙古	14	14	4	2	34
6	辽宁	20	2	-	1	23
7	吉林	14	2	-	2	18
8	黑龙江	21	3	3	1	28
9	上海	12	-	-	-	12
10	江苏	35	-	1	3	39
11	浙江	88	-	5	7	100

(续表)

序号	省（区、市）	汉语方言点	少数民族语言点	濒危语言方言点	语言方言文化点	合计
12	安徽	45	–	2	8	55
13	福建	69	–	5	5	79
14	江西	70	–	3	4	77
15	山东	44	–	–	5	49
16	河南	33	–	1	1	35
17	湖北	57	–	1	3	61
18	湖南	100	9	10	10	129
19	广东	71	4	12	5	92
20	广西	60	22	10	11	103
21	海南	11	9	11	1	32
22	重庆	40	1	1	1	43
23	四川	91	37	21	4	153
24	贵州	23	42	1	4	70
25	云南	20	104	32	7	163
26	西藏	1	21	9	1	32
27	陕西	32	–	5	2	39
28	甘肃	27	13	5	2	47
29	青海	2	10	1	1	14
30	宁夏	5	–	1	1	7
31	新疆	8	30	5	1	44
32	港澳台	7	1	1	2	11
合计		1131	324	152	105	1712

二 数据采录

中国语言资源保护工程采录展示平台①新增音频资源数据近250万条，总数达582万余条；新增视频资源数据100万余条，总数达388万余条；覆盖的调查点新增654个，总数达1453个；覆盖的发音人新增3377人，总数达8527人。

---

① 中国语言资源采录展示平台是工程的重要组成部分，主要任务是保存和管理大规模汉语方言和少数民族语言调查点采集的多媒体数据，利用科学化、规范化和具有前瞻性的技术手段，实现所有语言资源的数字化、存储管理、整理分析和应用展示，并利用互联网面向社会大众采集语言资源。

总物理容量达 54TB（百万兆字节）。具体见表 1-3：

表 1-3　中国语言资源保护工程采录展示平台音视频资源

类别	调查点（个）	发音人（位）	音频资源（条）	视频资源（条）
汉语方言类	1124	7666	4 862 256	3 153 407
少数民族语言类	329	861	959 045	733 796
合计	1453	8527	5 821 301	3 887 203

三　成果出版

工程标志性成果《中国濒危语言志》丛书由商务印书馆正式出版。丛书包括"少数民族语言"和"汉语方言"2个系列，收录我国濒危少数民族语言和汉语方言共30种，每种1册共30册。

少数民族语言20册。包括：《甘肃东乡唐汪话》《甘肃肃南西部裕固语》《甘肃文县白马语》《贵州六枝仡佬语》《海南三亚回辉语》《黑龙江同江赫哲语》《内蒙古敖鲁古雅鄂温克语》《内蒙古库伦蒙古语》《四川道孚尔龚语》《四川康定贵琼语》《四川冕宁多续话》《四川松潘羌语》《西藏察隅达让语》《西藏察隅格曼语》《西藏察隅松林语》《西藏察隅义都语》《云南兰坪普米语》《云南兰坪柔若语》《云南芒市潞西阿昌语》《云南玉溪撒都语》。

汉语方言10册。包括：《安徽祁门军话》《广东电白旧时正话》《广东连南石蛤塘土话》《广西钟山董家垌土话》《贵州晴隆长流喇叭苗人话》《湖南道县梅花土话》《湖南泸溪乡话》《湖南宁远平话》《湖南通道本地话》《浙江江山廿八都话》。

丛书按照科学统一的规划，以中国濒危语言方言实地调查获得的大量第一手资料为基础，按照统一规范编写，每册书包含该语言或方言的声韵调、同音字汇、连读变调、文白异读、分类词表、词语特点、词法、句法及语法例句、话语材料等内容，并附有民俗文化照片，图文并茂。

四　语保研究

9月23—24日，在浙江召开第六届中国语言资源国际学术研讨会，来自中国内地、美国、日本、新加坡、越南以及中国澳门特别行政区的110余名专家学者围绕"语保可持续发展"的主题，就语保工程的总结与展望、语保工程成果开发与应用、中国语言资源的调查研究和保护传承等议题展开学术研讨。

国家语委指导、商务印书馆主办的《语言战略研究》杂志2019年第3期推出"语言资源保护"专辑，刊出联合国教科文组织总干事奥德蕾·阿祖莱（Audery Azoulay）致世界语言资源保护大会的贺信，《保护和促进世界语言多样性 岳麓宣言》，联合国官员关于世界语言资源保护的论点主张，以及国内外学者关于中外语言资源保护的理念、政策、实践等的一系列学术论文。教育部语用所主办的《语言文字应用》杂志2019年第4期设"中国语言资源保护"专栏，刊出一组学术论文介绍中国语保工程的成效、经验及中国语保走向国际、引领世界的历程。此外，《西北民族大学学报（哲学社会科学版）》杂志2019年第3期设"中国语言资源保护工程"专栏，刊出一组论文探讨语保工程语料资源的开发利用等问题。

五　国际影响

工程的成功经验和成果得到联合国教科文组织高度评价和积极借鉴。2月21日，在第20个"国际母语日"，教育部、联合国教科文组织驻华代表处、中国联合国教科文组织全国委员会、国家语委在北京共同举行发布会，向社会正式发布首届世界语言资源保护大会成果性文件《保护和促进世界语言多样性 岳麓宣言》（以下简称《宣言》）。这是联合国教科文组织发布的首个以"保护语言多样性"为主题的重要文件，也是联合国"2019国际本土语言年"的重要基础性文件，已被联合国教科文组织数字图书馆收录。

《宣言》凝练了当前世界保护语言资源和语言多样性的核心理念及做法，倡导各国制定行动计划，并提供了中国开展语言资源保护可资借鉴的经验、模式和路线图，将对引领和指导全球保护语言资源和语言多样性的政策和行动发挥重要作用。《宣言》的发布充分体现了加强语言交流互鉴、推动构建人类命运共同体的理念，向世界传递了中国声音，贡献了中国智慧。

六　总结表彰

发表《中国语言资源保护工程的建设成效及深化发展》专题文章，全面介绍语保工程一期建设的成效,包括超预期完成规划任务、获得高质量第一手调查数据并形成标志性成果、锻炼人才队伍并促进相关学科发展、产生广泛影响并引起国际社会关注和响应等;深入总结语保工程一期建设的实施经验,包括发挥政府主导作用、积极调动整合专家力量、广泛发动社会各界共同参与、增进国际社会对我重要理念理解认同等。

经全国评比达标表彰工作协调小组批准,开展"中国语言资源保护奖"评选表彰工作,设先进集体和先进个人2类。先进集体评选范围包括参与工程组织实施的省(区、市)语言文字工作委员会办公室;各市(州)、县语言文字工作部门;相关高校或科研院所下设实体教学或科研单位。先进个人评选范围包括参与工程建设的项目负责人和专家、县(区、市)语委办工作者、发音人、志愿者和支持工程建设的社会各界人士等。经评选,教育部、国家语委决定授予河北省语言文字工作委员会办公室等20个单位"中国语言资源保护奖"先进集体称号,授予丁石庆等100名同志"中国语言资源保护奖"先进个人称号。

语言文字国际交流与合作

2019年,教育部、国家语委广泛开展语言文字国际交流合作,深入推进中华思想文化术语传播工程,举办第三届中国北京国际语言文化博览会,加强双边与多边语言文化国际交流,积极应对涉及中文的国际标准议案,取得显著成效。

一 中华思想文化术语传播工程

以中华思想文化术语整理、诠释、翻译、传播为核心任务的中华思想文化术语传播工程发布第七批成果,出版系列图书,成果登录"学习强国"。

(一)第七批成果发布

第七批成果共100条术语,其中哲学术语33条、历史术语34条、文艺术语33条。截至2019年底,累计已完成整理、释义和英文翻译的700条术语中:哲学术语244条,如"天、道、格物、和而不同"等;历史术语230条,如"九州、大同、民惟邦本、厚德载物"等;文艺术语226条,如"兴、韵、风骨、画龙点睛"等。此外,完成西班牙语、波兰语、马其顿语、亚美尼亚语、尼泊尔语翻译各500条,阿尔巴尼亚语翻译300条,白俄罗斯语翻译200条,马来语、保加利亚语翻译各100条。

(二)图书出版及版权输出

先后出版"中华思想文化术语研究丛书"系列首批4本《天下》《文明》《兴》《和谐》;"中国文化关键词"系列第2本《敦煌文化关键词》和第3本《中华传统文化关键词》;"中华思想文化术语"系列第7本《中华思想文化术语(第7辑)》;"看不懂的中国词"系列第2本《看不懂的"中国词":诗词文艺篇》。

作为工程的核心产品,"中华思想文化术语"系列图书的版权输出新增5个语种。截至 2019 年底共覆盖 26 个语种，包括亚美尼亚语、西班牙语、马来语、阿尔巴尼亚语、保加利亚语、法语、波兰语、尼泊尔语、土耳其语、阿拉伯语、僧伽罗语、马其顿语、白俄罗斯语、斯瓦希里语、波斯语、韩语、印地语、英语、塞茨瓦纳语、阿非利加语、祖鲁语、葡萄牙语、乌尔都语、匈牙利语、塞尔维亚语、罗马尼亚语。目前已实现 11 个语种的出版。

（三）数据库产品研发

核心数据库上线最新成果，除中文和英语外，还提供西班牙语、尼泊尔语、马来语、波兰语、阿尔巴尼亚语和马其顿语 6 个语种的推荐译文。术语库新增中医关键词库、典籍译本库，其中典籍译本库增至 11 部典籍，目前已完成《论语》《孟子》《老子》《文心雕龙》《黄帝内经》等的内容整理。术语库 PC 网页版完成测试并正式上线。

（四）基础研究

10月 18—19 日，在京召开"中国文化，国际共享——2019 中华思想文化国际传播研讨会"，以人类命运共同体理念为视角，多领域、多层次、多学科地探寻中华思想文化海外传播的理论创新与提质增效之道。来自全国有关高校和学术研究机构的文史哲及翻译等领域的 100 余位专家学者出席会议，围绕"中华思想文化核心词的梳理与阐释""中华思想文化核心词的多语种翻译""中华思想文化的国际传播与中外文明之间的交流互鉴"等议题开展学术研讨。

（五）成果传播

7 月 1 日—12 月 30 日，132 条术语在"学习强国"的"每日中华文化专词双译"栏目中展示，点赞量达 150 多万次。

邀请术语专家录制"术语小讲堂"系列，目前已制作完成 32 个小视频。与中国传媒大学合作录制"同学有文化"系列小视频，共 10 集，每集围绕一个术语词条展示传统文化在大学生日常生活中的应用体现。小视频公开发布后，传播效果良好，社会反响热烈。

9 月，术语系列图书参加了"伟大历程　辉煌成就——庆祝中华人民共和国成立 70 周年大型成就展"。

二　第三届中国北京国际语言文化博览会

第三届中国北京国际语言文化博览会(以下简称"语博会")由国家语委、中国外文局、中国联合国教科文组织全国委员会支持,北京市语委、中国国际贸易促进委员会北京市分会、孔子学院总部、北京语言大学、首都师范大学承办,于10月24—27日在中国国际展览中心举行,设1个主论坛、2个分论坛、6大展区。

(一)主论坛

10月25日,举行主论坛"语言智能与语言多样性"国际语言文化论坛。来自中国内地、中国澳门、英国、加拿大、立陶宛、匈牙利等国家和地区的专家学者围绕人工智能技术在语言学习等领域的应用、语言能力与大脑、移民语言问题、文化语言交流与老龄化问题等进行探讨,倡议加强交流合作、推动文明互鉴,促进语言与科技融合、科学保护语言资源、加强语言能力建设。论坛上,国家语委指导、科大讯飞研发的"全球中文学习平台"上线发布。

(二)分论坛

10月24日,举行第五届中国语言产业论坛暨第四届语言服务高峰论坛,以"语言资源的保护、开发与产业化发展"和"区域语言服务"为主题展开学术研讨。10月29—30日,举行"一带一路"国家语言康复教育高峰论坛暨第三届中国语言康复论坛,聚集全球尖端科研机构及著名企业的资源,分享语言康复及听力健康领域最先进的研究成果,探讨该领域科学研究及临床应用的成功案例,展望产学研需求和发展方向。

(三)展区

第三届语博会设"新中国成立七十周年语言文字事业发展成就展"等6大展区,首次设置以广西为代表的少数民族地区语言文化展,规模较前两届进一步扩大,内容更加丰富,特点更加突出。

新中国成立七十周年语言文字事业发展成就展。从提升治理能力、服务国家战略、增进民生福祉、弘扬中华文化、讲好中国故事等5个部分,系统展示新中国语言文字事业的发展成就，体现了党和国家对语言文字工作的高度重视。

京津冀协同发展展。通过对天津师范大学、沧州师范学院、山海关书法基地、滦平县普通话体验基地以及北京市朝阳区等中小学语言文字工作成果的展示，集中体现京津冀语言文化协同发展成就。

粤港澳大湾区语言文化展。主要展示了广州大学、澳门语言产业协会、香港粤港澳大湾区语言文化协会（筹）、新译科技语言文化机构和企业的成果，呼应国家粤港澳大湾区发展战略。

语言企业和机构成果展。汇聚了科大讯飞、北大方正、商务印书馆、人民教育出版社、北京语言大学语言资源高精尖创新中心等企业和高校科研机构，充分展示语言科技、文化传播等方面的最新成果。

以广西为代表的少数民族地区语言文化展。展示了广西语言文字工作成就、壮族语言文化和广西地方特色汉语方言文化，介绍了广西民族大学语言文化博物馆、贺州学院语言文化博物馆的相关情况。

语言艺术展演区。组织大中小学生、留学生和民间文艺团体展演多种形式的语言艺术节目，共7个单元。

三　双边与多边语言文字国际交流合作

在第八届圣彼得堡国际文化论坛框架下，举办首届中俄语言文化会议。会议于11月14日在俄罗斯圣彼得堡召开，来自中俄两国的政府官员、大学校长、专家学者等60余人出席。会议包括"'一带一路'语言文化空间"圆桌会议和"'一带一路'建设与中俄语言文化发展"学术主题会两部分。中方代表在会上介绍了我国在语言文化建设方面取得的成就，并围绕新中国的语言政策与语言生活、语言政策和规划的跨学科研究、中小学语文课程新教材等主题与俄方代表进行了交流。我国相关高校与圣彼得堡大学等俄罗斯高校，就深化两国语言文字研究、加强学术交流等达成合作意向。会议进一步巩固了两国语言文字交流合作的平台，宣传了我国语言文字事业的成就，推进了两国语言文字领域的务实合作。

依托"国家语委语言文字国际高端专家来华交流项目"，开展"搭建中俄语言之桥——俄罗斯语言政策专家访华项目"。项目由国家语委中国外语战略研究中心（上海外国语大学）承办，于9月21日—10月1日实施。邀请俄罗斯科学院通讯院士阿尔巴托夫、格罗夫科,俄罗斯科学院法律研究所达洛芙斯吉赫,圣彼得堡大学科尔帕奇科娃等8位俄罗斯语言政策领域的专家访华。在华期间,代表团先后访问了中国社会科学院语言研究所、孔子学院总部、商务印书馆、北京语言大学、上海外国语大学、上海市语言文字水平测试中心、上海东方传媒集团有限公司等单位,开展近20场形式多样的交流活动。活动主题涉及语言文字科学保护、语言资源建设与开发、外语教育、词典编纂、语言测试、国际化城市的语言应用等。9月27日,中俄两国专家在上海外国语大学召开中俄语言政策研讨会,围绕"多民族国家的语言政策"主题进行集中对话研讨。活动进一步增进了两国语言政策学界对彼此语言国情和语言文字工作的了解,并在人才培养、科研合作等方面达成一系列合作意向,促进了两国在语言政策领域的合作交流。

加强中英、中德、中法语言文字交流合作。与英国谢菲尔德大学签署《关于开展语言文字交流合作意向书》,确定合作设立语言学交流基地、开展语言文字领域相关研究、举办语言文字领域的国际会议、开设语言学暑期班、设立语言学访问学者项目等意向。与德国哥廷根大学商讨实施"语言文字中青年学者出国研修项目",进一步巩固两国语言文字领域的交流合作成果。与法国文化部语言总司研商"第四届中法语言政策与规划比较国际研讨会"筹备工作,就共同推进《语言政策交流合作协议》实施达成共识。

推进多边语言文字国际交流合作。出席联合国教科文组织召开的"面向大众的语言技术:促进世界语言多样性和多语能力国际研讨会"并做主旨发言,全面介绍中国的语言国情、在促进语言技术应用方面的经验以及在语言文字领域的国际合作情况,特别介绍了甲骨文成功入选《世界记忆名录》、在长沙举行的世界语言资源保护大会及《岳麓宣言》起草情况,阐述了中国共产党和中国政府在语言文字领域的政策理念与实践成就,以及为促进全球语言技术进步和语言文化多样性做出的积极贡献,受到与会各国代表的热切关注和广泛好评。

四 文字转写国际标准议案应对

有关方面向国际标准化组织信息与文献标准化技术委员会(ISO/TC46)提交国际标准提案《信息与文献——广东话罗马化》,试图单独制定广东话罗马字母转写标准,不承认广东话是汉语方言。该提案与已有的中文转写国际标准

ISO 7098《信息与文献——中文罗马字母拼写法》相抵触，有损我国国家主权和统一，且违背联合国地名委员会"地名单一罗马化"原则。国家语委选派专家参加5月6—10日在加拿大渥太华召开的国际标准化组织信息与文献标准化技术委员会（ISO/TC46）年会，力陈我观点并积极与各国代表沟通，争取广泛支持，成功阻击该提案立项。

五　语言生活皮书出版和外译

发布2018年度中国语言文字事业发展状况，出版《中国语言文字事业发展报告（2019）》（白皮书）、《中国语言生活状况报告（2019）》（绿皮书）、《中国语言政策研究报告（2019）》（蓝皮书）、《世界语言生活状况报告（2019）》（黄皮书）。继续推动国家语委语言生活皮书在海外出版，分别在德国、韩国、日本出版《中国语言生活状况报告》英文版第4—5卷、韩文版第3卷和日文版第2卷，持续向世界介绍中国语言文字事业和语言生活发展状况。

语言文字工作机构队伍建设

2019年,教育部、国家语委继续加强国家语委科研机构建设,启动国家语言文字推广基地建设,调研省级语言文字工作机构设置情况,进一步加强地方语委干部队伍和语言文字科研队伍业务培训,为推进语言文字治理体系和治理能力现代化夯实组织基础。

一 国家语委科研机构建设

新建1家、续建4家国家语委科研机构①,印发《语言文字智库测评指标体系(试行)》,启动新一轮语言文字智库建设试点,推动国家语委科研机构向智库转型。

(一)新建汉字文明传承传播与教育研究中心

5月10日,与河南省教育厅、郑州大学签署协议共建国家语委汉字文明传承传播与教育研究中心(郑州大学)。中心职能主要包括传承汉字文明传承、传播汉字文化、涵养汉字素养、研究汉字学术、集聚汉字资源、培养汉字学人才等。

截至2019年底,国家语委科研机构共21家②,研究方向涉及语言政策、语言资源、语言能力、语言规范、语言智能等多个领域,承担语言资源监测发布、语言文字规范标准研制、语言资源保护工程实施、语言生活皮书编撰出版等多项工作任务。

(二)续建教育教材、网络媒体、海外华语和政策研究中心

4月13日、4月15日和11月16日,分别与厦门大学、华中师范大学、暨

---

① 国家语委科研机构是由教育部语言文字信息管理司代表国家语委与有关高校、科研机构等共建共管,依托共建单位学术优势,主要从事语言文字决策咨询研究、实施重大语言文字工程项目或特定工作任务,为语言文字事业发展提供专业支持与服务的机构。

② 其中,国家语委国际交流与合作中心(北京语言大学)参照国家语委科研机构进行建设与管理。

南大学、上海市教育科学研究院签约，继续共建国家语言资源监测与研究教育教材中心、国家语言资源监测与研究网络媒体中心、海外华语研究中心、国家语言文字政策研究中心。相关各中心在上一个共建期内，注重管理运行机制探索，在科学研究、资政辅政、人才培养、社会服务、学术队伍和信息资源建设等方面开展大量工作，取得丰硕成果，形成各自特色，实现了建设目标。

（三）依托科研机构打造语言文字智库

制定印发《语言文字智库测评指标体系（试行）》。该体系以服务国家语言文字事业发展为导向，以"坚持中国特色新型智库的基本标准、坚持以评促建、坚持定量评价和定性评价相结合"为原则，以国家语委科研机构为主要评价对象，全面考察各中心"资政、启民、育人"功能的发挥情况，综合评价各中心的政策影响力、学术影响力、社会影响力和国际影响力，指导各中心进一步凝练方向、突出重点，积极打造智库型研究机构。该体系分为定量评价指标和定性评价指标2个部分：定量评价指标包括"条件""治理""资源""成果""活动与影响"5个一级指标、45个二级指标；定性评价指标包括"方向特色""贡献影响""服务质量"3个方面；评价结果区分绝对效能和相对效能。该体系于12月10日印发实施。

试刊《国家语委专家建议》。该刊是面向语言文字决策各相关部门，及时报送国家语委科研机构决策咨询类研究成果的内刊，主要针对语言文字重大问题和国家重大战略中的语言文字问题提出学术建议和决策参考。编辑部设在国家语委科研机构秘书处。创刊以来报送的研究成果涉及中文学术发表、语言学学科建设、传承中华优秀传统文化中的语言服务、推普脱贫与语言扶贫、甲骨文字形整字自动识别研究、高校舆情应对中的语言能力建设等问题。

启动新一轮语言文字智库建设试点。根据国家语言文字事业发展需求，结合相关机构研究方向和主要职能，考察相关机构建设发展现状，确定国家语委国家语言资源监测与研究教育教材中心（厦门大学）、国家语委海外华语研究中心（暨南大学）、国家语委中国文字整理与规范研究中心（北京师范大学）、国家语委国家语言能力发展研究中心（北京外国语大学）4家科研机构为第二批语言文字智库建设试点单位，并启动试点工作。

二 国家语言文字推广基地建设

组织开展首批国家语言文字推广基地[①]的申报、评选和认定工作[②]。经各省（区、市）教育行政部门审核推荐、专家评审、实地考察、综合评议、网上公示，首批认定60家单位为国家语言文字推广基地，建设周期为2020年至2024年。国家语言文字推广基地包括综合研究、传承推广、教育培训3种类型。

综合研究类基地的职能是紧密结合国家语言文字战略部署和重点工作，在服务教育强国、科技强国、文化强国、脱贫攻坚、乡村振兴和"一带一路"等重大战略以及铸牢中华民族共同体意识、提升国家文化软实力等方面开展前瞻性、战略性语言文字政策研究及重大实践探索，开展有关对策研究、政策解读与效果评估，为服务国家发展战略和语言文字中心工作提供智力支撑。首批13个，包括：北京大学、辽宁师范大学、复旦大学、上海大学、江苏师范大学、南京特殊教育师范学院、浙江大学、江西师范大学、山东师范大学、湖南大学、湖南师范大学、广西师范大学、新疆大学。

传承推广类基地的职能是聚焦国家通用语言文字推广普及和中华优秀传统文化传承弘扬，践行社会主义核心价值观，打造社会大众广泛参与的语言文化平台与品牌，推动语言文字创造性转化和创新性发展；加强语言文化交流，发挥语言文字在增强共识、促进融合、交流互鉴、构建人类命运共同体中的独特作用，推动中文国际教育发展，提升中文在国际相关领域、区域的影响力。首批31个，包括：中国传媒大学、北京语言文字工作协会、天津师范大学、河北省滦平县普通话推广中心、秦皇岛市山海关区国家语言文字推广基地管理中心、黑龙江大学、黑龙江省佳木斯第一中学、上海市奉贤区青少年活动中心、华东师范大学、苏州市教师发展中心、南京艺术学院、浙江传媒学院、安徽大学、安徽省合肥市稻香村小学、福建师范大学、厦门大学、南昌师范学院、鲁东大学、中国文字博物馆、洛阳师范学院、华中师范大学、湖南省长沙市明德华兴

---

① 国家语言文字推广基地是在国家语委经费和项目支持下，开展语言文字应用研究、活动推广、会议培训、合作交流等工作的学校、科研院所、新闻媒体、文化场馆及其他教育文化类相关企事业单位。由国家语委统筹管理，教育部语言文字应用管理司具体负责。

② 之前教育部语言文字应用管理司依托有关高校、教育文化机构等建立，主要职能是举办全国性培训班、开展相关社会宣传活动、服务国家通用语言文字推广普及工作的10个语言文字应用培训和推广基地，此次一并纳入"国家语言文字推广基地"建设管理，重新申报、评选和认定。

中学、暨南大学、华南师范大学、广西民族大学、西南大学、贵州师范大学、陕西师范大学、西北大学、兰州大学、兰州交通大学。

教育培训类基地的主要任务是围绕新时代语言文字事业发展需要，培育一支熟悉国家语言文字方针政策和规范标准、具有丰富实践经验和能力的人才队伍；面向中西部地区教师、青壮年农牧民、基层干部等重点领域人群和社会大众开展国家通用语言文字能力提升培训，使人民群众自觉规范使用国家通用语言文字的意识和自觉传承弘扬中华优秀传统文化的意识得到普遍提高，语言文字应用能力和文化素养得到全面提升。首批16个，包括：北京语言大学、北京外国语大学、沧州师范学院、东北大学秦皇岛分校、太原师范学院、包头市少年宫、东北师范大学、徐州幼儿师范高等专科学校、南昌大学、赣南师范大学、南宁师范大学、云南师范大学、曲靖师范大学、西藏民族大学、昌吉学院、塔里木大学。

三　省级语言文字工作机构状况

开展专项调研，了解各省（自治区、直辖市）及新疆生产建设兵团语言文字工作机构设置与人员配备情况。调研显示，31个省（自治区、直辖市）和新疆生产建设兵团都在省级教育行政部门设立了语言文字工作机构（省级语委的办事机构），其中"行政独立"15个，"行政合署"17个。32个省级语言文字工作机构共有专职工作人员72人，兼职工作人员52人。具体见表1-4。

表1-4　2019年省级教育行政部门语言文字工作机构设置和人员配备情况

序号	省（区）	处室	行政独立	行政合署	专职人员	兼职人员
1	北京	语言文字工作处（市语委办）	✓		4	1
2	天津	扶贫协作与语言文字处（市语委办）		✓	0	2
3	河北	语言文字工作处	✓		2	0
4	山西	语言文字工作处（省语委办）	✓		3	2
5	内蒙古	汉语言文字应用管理处（自治区汉语委办）	✓		2	0
6	辽宁	义务教育处（省语委办）		✓	2	2
7	吉林	教师工作处（省语委办）		✓	0	1
8	黑龙江	基础教育一处（民族教育处、语言文字应用与信息管理处）		✓	2	4

（续表）

序号	省（区）	处室	行政独立	行政合署	专职人员	兼职人员
9	上海	教材与语言文字管理处（市语委办）		✓	3	2
10	江苏	语言文字与继续教育处（省语委办）		✓	6	1
11	浙江	教材管理处、语言文字应用管理处（省语委办）		✓	1	3
12	安徽	语言文字信息管理处	✓		5	0
13	福建	体育卫生艺术教育与语言文字处（省语委办）		✓	1	1
14	江西	语言文字工作处（省语委办）	✓		2	0
15	山东	省语委办	✓		4	7
16	河南	社会科学研究和语言文字应用管理处（省语委办）		✓	2	3
17	湖北	省语委办	✓		3	0
18	湖南	教师工作与师范教育处（省语委办）		✓	1	0
19	广东	教育厅办公室（省语委办）		✓	2	2
20	广西	语言文字工作处（自治区语委办）	✓		2	0
21	海南	教师工作处（语言文字应用管理处）（省语委办）		✓	0	1
22	重庆	语言文字管理办公室（市语委办）	✓		2	2
23	四川	社会与民办教育处（省语委办）		✓	1	4
24	贵州	省语委办	✓		2	0
25	云南	语言文字管理处（省语委办）	✓		3	0
26	西藏	基础教育处（自治区国家通用语言文字工作委员会办公室）		✓	1	1
27	陕西	基础教育二处（语言文字工作处）（省语委办）		✓	3	3
28	甘肃	语言文字管理处（省语委办）	✓		3	0
29	青海	语言文字工作管理处（省语委办）	✓		2	0
30	宁夏	教师工作处（省语委办）		✓	0	3
31	新疆	国家通用语言文字普及推广处、语言文字信息管理处	✓		8	0
32	新疆生产建设兵团	基础教育处（体育卫生艺术教育处、新疆生产建设兵团语委办）		✓	0	7
合计			15	17	72	52

四 语言文字工作与科研队伍建设

继续通过集中培训加强基层语委干部队伍建设，继续通过专题研修、学术论坛等加强语言文字科研队伍建设。

（一）基层语委干部队伍建设

先后于5月6—10日和5月20—24日在武汉大学举办"地方语委干部语言文字工作能力提升培训班"和"高校语委干部语言文字工作能力提升培训班"，共培训学员201人。培训内容包括国家发展中的现实语言问题、新中国语言文字工作的发展历程、《国家通用语言文字法》解读、语言学与人工智能、语言智能与未来生活、语言管理及管理思想等。

先后于3月18—22日和3月25—29日在贵州师范大学举办2期"全国语言文字工作督导培训班"，培训学员约300人。培训内容包括新时代语言文字事业的新形势、新任务，国家教育督导的目标任务，语言文字法律法规政策，语言文字规范标准，语言文字工作督导评估暂行办法、操作规程等。

11月18—27日在浙江工业大学专门举办"藏语文工作者国家通用语言文字素养培训班"。培训西藏自治区各级藏语委办工作人员，以及各级政府部门藏汉翻译和文秘岗位人员共40人。培训内容包括国家通用语言文字及其推广的时度效、民族语言文字规划、语言管理及管理思想、语言文字现代化与信息化等。

（二）语言文字科研队伍建设

在国家语委"三班一盟一论坛"人才培养框架下，继续举办语言文字应用研究优秀中青年学者研修班、民族语文应用研究中青年学者高级研修班、语言文字中青年学者出国研修班，进一步加强语言文字应用研究中青年学者协同创新联盟①建设，召开第五届语言文字应用研究中青年学者协同创新联盟学术研讨会。

7月15—21日，在武汉大学举办第五期语言文字应用研究优秀中青年学者研修班。来自28个省份、58家高校和研究机构的61位中青年学者参加研修。

---

① 该联盟于2015年8月在辽宁师范大学成立，成员以参加国家语委语言文字应用研究优秀中青年学者研修班的学员为主体，主要功能是团结服务学员、推进协同创新。

研修内容包括理论阐释、政策解读、业务实操等。

7月15—19日,在北京举办第五期全国民族语文应用研究中青年学者研修班。来自内蒙古、辽宁、吉林、黑龙江、广西、四川、贵州、云南、西藏、甘肃、青海、新疆等省区,以及国家民委相关直属单位基层一线的67名学员参加研修。研修内容包括我国民族语文政策及新时代民族语文工作、国家语言文字工作、民族语文应用研究、民族语文信息化等。

9月14日—12月13日,在英国谢菲尔德大学举办第三期语言文字中青年学者出国研修班。来自国内27所高校、科研机构及语言文字管理部门的29名中青年学者参加为期3个月的研修。研修内容主要包括语言政策与规划、语料库与数据统计分析、英国教育体系及科研制度等。

10月26—27日,在山东师范大学召开第五届语言文字应用研究中青年学者协同创新联盟学术研讨会。来自全国50余所高校和研究机构的70多位中青年学者参加。会议设立8个分论坛,围绕语言政策、语言扶贫、语言文字信息化、中文国际传播等议题进行学术研讨。

第二部分

委员单位工作

首届国际中文教育大会

由教育部和湖南省人民政府联合主办,由孔子学院总部、世界汉语教学学会、湖南省教育厅、长沙市人民政府等联合承办的首届"国际中文教育大会"于12月9—10日在湖南长沙召开。大会在孔子学院创办15年并连续成功举办13届全球孔子学院大会基础上召开,标志着国际中文教育进入全新发展阶段。

一 孙春兰副总理发表主旨演讲

中共中央政治局委员、国务院副总理孙春兰出席会议并发表主旨演讲。孙春兰指出,随着世界多极化、经济全球化、社会信息化、文化多样化的深入发展,世界各国相互联系日益加深,政治、经贸、人文等交流合作更加广泛。中国在扩大开放中深度融入世界,也为各国发展带来了机遇,到中国商务合作、学习交流、旅游观光的人越来越多。语言是沟通交流的桥梁纽带,各国对学习中文的需求持续旺盛,汉语人才越来越受到欢迎。现在很多国家将中文纳入国民教育体系,在大、中、小学开设课程,支持企业、社会组织参与中文教育,促进了中外人文交流、文明互鉴和民心相通。

孙春兰强调,中国政府把推动国际中文教育作为义不容辞的责任,积极发挥汉语母语国的优势,在师资、教材、课程等方面创造条件,为各国民众学习中文提供支持。中国将遵循语言传播的国际惯例,按照相互尊重、友好协商、平等互利的原则,坚持市场化运作,支持中外高校、企业、社会组织开展国际中文教育项目和交流合作,聚焦语言主业,适应本土需求,帮助当地培养中文教育人才,完善国际中文教育标准,发挥汉语水平考试的评价导向作用,构建更加开放、包容、规范的现代国际中文教育体系。

二 会议主题

大会以"新时代国际中文教育的创新与发展"为主题,举办 1 个专题论坛,设 8 个分论坛 32 个工作坊,套开外国高校中文院系主任联席会等。来自 160 多个国家和地区的 1000 多名中外代表围绕深化体制改革、丰富办学资源、提高办学质量、推动多元发展等展开讨论。大会首次邀请外国教育部门中文项目、高校中文院系专业、中文教师/教育协会负责人和世界汉语教学学会理事参会,提出独立设置国际中文教育专业博士学位、设立国际中文教师学院,以及将汉语水平考试成绩作为外国人来华留学、工作基本条件等重要创新举措。

(一)"中文+职业教育"专题论坛

为更好满足各国培养"语言+技术"复合型人才的需求,近年来孔子学院结合自身特点和当地经济发展需要,因地制宜、因材施教,在坚持语言主业基础上,推出一系列"中文+"特色项目,泰国、马来西亚等 40 多个国家 100 多所孔子学院开设"中文+"课程,涉及高铁、经贸、旅游、法律、海关、航空等数十个领域,受到当地欢迎。"中文+职业教育"专题论坛围绕深化"中文+"项目、加强孔子学院所在地复合型人才培养等议题展开深入研讨。

(二)分论坛工作坊

大会设 8 个分论坛,议题涉及国际中文教育政策、标准、师资、教材、教学方法、考试、品牌项目建设等内容。"国际中文教育政策"分论坛研讨议题主要包括国际中文教育的机遇与挑战、各国中文教育的政策和实践、中文教育发展与高校国际化、中外合作开展中文教育的新途径等。"孔子学院创新发展"分论坛研讨议题主要包括孔子学院公共形象塑造、中外大学发挥孔子学院办学主体作用、孔子学院的特色化发展与区域协作、孔子学院办学质量评估等。"中文教育师资建设"分论坛研讨议题主要包括基于需求的"汉语国际教育"专业建设、国际中文教育标准与能力认证、中文教师本土化的新思路、教师志愿者项目的瓶颈与发展等。"中文教学资源建设"分论坛研讨议题主要包括孔子学院课

程体系建设、国际中文教育资源共建共享、智能时代的国际中文教学创新案例、国际中文教材的本土化等。"国际中文教育服务社会需求"分论坛研讨议题主要包括中文教育与复合型人才培养、中文教育与学生创业就业、中文教育与中外经贸合作、中文教育与文化多元发展等。"中文教学标准与考试"分论坛研讨议题主要包括各国中文教学标准与应用、中外合作开发中文教学新标准、专门用途的中文教学标准与考试、汉语水平考试（HSK）改进与推广等。"中文教育品牌建设"分论坛研讨议题主要包括"汉语桥"项目的优化发展、"新汉学"计划的拓展与提升、各国中文教育品牌项目分享、中外双向文化交流等。"中文教育组织的发展与合作"分论坛研讨议题主要包括各国中文教育组织的现状与发展、国际中文教育的多边合作、中文教育组织与孔子学院发展等。

三 重要活动

新设孔子学院签约。大会期间，举行了白俄罗斯国立体育大学孔子学院、印度尼西亚乌达雅纳大学孔子学院、菲律宾达沃雅典耀大学孔子学院、格鲁吉亚第比利斯开放教育大学孔子学院、沙特阿拉伯吉达大学孔子学院、智利边境大学孔子学院、马尔代夫维拉学院中文中心、东帝汶商学院孔子课堂8个新设孔子学院、孔子课堂、中文中心的合作协议签署仪式。

先进机构颁奖。大会期间，教育部副部长田学军，湖南省副省长何报翔，孔子学院总部荣誉理事、英国爱丁堡大学前校长提摩斯·奥谢，孔子学院总部荣誉理事、波兰雅盖隆大学校长沃伊切赫·诺瓦克，世界汉语教学学会原副会长、法国中文教学总督学白乐桑，共同为先进孔子学院（课堂）、先进个人和先进中方合作机构颁奖，为"汉语桥"俱乐部海外站点、汉语考试优秀考点和世界汉语教学学会单位会员授牌。

四 世界汉语教学学会年会

大会套开世界汉语教学学会年会，来自49个国家和地区的专家学者、中文教师、国际中文教学和出版机构等会员代表187人出席会议。会议审议通过第十届理事会工作报告及财务报告，选举产生第十一届理事（单位）、常务理事及会长、副会长和秘书长。世界汉语教学学会自1987年成立以来，累计吸纳来自79个国家地区的单位会员和个人会员，主要由世界各地从事汉语教学、研究和传播领域专家及相关机构组成。学会现有会员5108人，其中，中国会员（包括内地和港澳台地区）3397人，其他国家会员1711人。

（撰稿单位：孔子学院总部；撰稿人：王　甬、孟　源、文　琼；

审稿人：赵国成）

中央文献对外翻译

2019年，中央党史和文献研究院第六研究部以习近平总书记重要著述对外翻译为引领，以为国际社会提供高质量规范译文为目标，扎实推进中央文献对外翻译工作，助力对外话语体系建设。

一 习近平新时代中国特色社会主义思想对外译介

完成习近平总书记《论坚持推动构建人类命运共同体》一书的英文、法文版翻译。英文版翻译工作于2018年11月启动，2019年4月出版；法文版翻译工作于2019年3月启动，8月出版。全书总计30余万字。正式出版后，分别在多哥、加纳、赞比亚等国举行新书发布会，产生良好国际社会影响。其中，英文版发行量近万册。

完成习近平总书记系列著述英文翻译。包括：《在〈告台湾同胞书〉发表40周年纪念会上的讲话》《辩证唯物主义是中国共产党人的世界观和方法论》《推动我国生态文明建设迈上新台阶》《把乡村振兴战略作为新时代"三农"工作总抓手》等。

二 重要外宣翻译工作

承担十三届全国人大二次会议和全国政协十三届二次会议重要文件多语种对外翻译任务，将会议重要文件译成多种外文，主要包括：将国务院总理2019年《政府工作报告》翻译成英、法、西、俄、日、德、阿拉伯文等7种外文，同时将《政府工作报告》要点版翻译成英文；将国家发展和改革委员会《关于2018年国民经济和社会发展计划执行情况与2019年国民经济和社会发展计划草案的报告》、财政部《关于2018年中央和地方预算执行情况与2019年中央和地方预算草案的报告》翻译成英、法、西、俄、日文等5种外文；将《全国人民代表大会常务委员会工作报告》《中国人民政治协商会议全国委员会常务委员会工作报告》《关于〈中华人民共和国外商投资法（草案）〉的说明》翻译成英文。将所有外文译稿印制成册，按时交付全国人大、全国政协有关部门。翻译工作历时近2个月，翻译文字总量合计60余万字。

完成党中央和国务院有关部门委托的重要外宣翻译任务，包括《求是》英文版（季刊）2019年4期翻译工作、《中华人民共和国宪法》及其修正案英文审订、中央党校内设机构英文译名审定等。同时，将《〈政府工作报告〉辅导读本》翻译成英文和日文并出版；审定中共六大会址展览补充方案相关材料的俄文译文；将中国共产党长沙历史陈列馆解说词、湘江战役长征纪念馆解说词、毛泽东丰泽园故居解说词、林伯渠故居解说词、聂荣臻故居解说词翻译成英文；将微纪录片《见证初心和使命的"十一书"》解说词翻译成英、俄、法、西、日、德、阿拉伯文等7种外文。

三　中央文献多语种数据库建设

重点围绕习近平新时代中国特色社会主义思想推进多语种数据库建设，入库内容主要包括：《论坚持推动构建人类命运共同体》，《关于深化党和国家机构改革决定稿和方案稿的说明》，习近平在中国共产党与世界政党高层对话会上的主旨讲话，习近平2019年出访俄罗斯、吉尔吉斯斯坦、塔吉克斯坦相关文件，2019年全国"两会"重要文件，《中华人民共和国监察法》等。

四　学术研究与国际交流

5月17日，召开"当代中国最新政经术语中译法研讨会"暨中国译协对外传播翻译委员会第34届中译法研讨会。来自外交部、教育部、自然资源部、中央党史和文献研究院、新华社、中央广播电视总台、外文局、北京外国语大学、外交学院、北京语言大学等20家单位的60余名中外专家参加，就习近平用语、习近平用典、两会、党建等领域150余条词汇的法文翻译进行研讨。

12月1—2日，举办第五届"中央文献翻译与研究论坛"。论坛以"人类命运共同体构建与翻译阐释"为主题，来自全国各地的近百名专家围绕习近平总书记《论坚持推动构建人类命运共同体》一书的多语种翻译和传播，就如何在构建人类命运共同体背景下做好政治文献对外翻译和推动国际话语权建设展开多学科研讨。

牵头组织中央党史和文献研究院"中央文献对外翻译与跨文化交流"智库专家代表团，赴欧盟翻译总司、法国高等翻译学院等机构考察，就翻译人才培养、政府文献翻译、翻译技术运用以及跨文化交流等课题进行专题调研，在国际上宣介了习近平外交思想，深入了解了国外翻译人才培养和政府文件翻译工作机制，拓展了做好对外翻译的思路，掌握了我国政治文献译本在国外传播的最新情况。

五　社会服务

积极培养青年翻译人才。继续与天津外国语大学、大连外国语大学、国际关系学院合作，指导三校博士、硕士研究生学习实践。全年共接收30名硕士研究生。3名专家被天津外国语大学聘为博士研究生合作导师。与北京外国语大学英语学院签署合作协议，在学生培养、翻译项目、学术研究等多个方面开展合作。

利用微信平台发布翻译成果。通过"读文献学阿语"微信公众号共发布25期原创作品，共计688条精选政治术语和段落译文，内容主要包括：7期《政府工作报告》系列解读、5期《中华人民共和国宪法》全文连载、4期《中华人民共和国辉煌七十年大事记》全文连载以及《一组数字多维度读懂党的十九届四中全会决定》等。截至2019年底，该公众号关注用户数已达8500多人，受到国内涉阿翻译界、研究界以及媒体、外宣工作者广泛关注和好评。

（撰稿单位：中央党史和文献研究院第六研究部；撰稿人：罗　莹；
审稿人：卿学民）

中国特色话语外译传播

为贯彻落实习近平总书记关于"创新对外宣传方式,加强话语体系建设,着力打造融通中外的新概念新范畴新表述"的指示精神,按照党的十九大和《我国国际传播能力建设发展规划(2015—2020年)》有关要求,自2014年起,中国外文局、当代中国与世界研究院、中国翻译研究院联合组织实施"中国关键词多语对外传播平台"和"中国特色话语对外翻译标准化建设"项目,着力加强和改进中国特色话语外译传播,掌握中国对外话语的第一定义权和解释权。

一 中国关键词多语对外传播平台

"中国关键词多语对外传播平台"主要围绕习近平新时代中国特色社会主义思想,进行中文词条专题编写、解读以及多语种编译,通过平面、网络和移动社交平台等多媒体、多渠道、多形态,及时持续对外发布,以多语种关键词向国际社会阐释中国道路、中国理论和中国制度,解读中国政策、中国主张和中国方案。

(一)"中国关键词"多语种发布

截至2019年底,"中国关键词"已策划实施综合篇、治国理政篇、"一带一路"篇、十九大篇、改革开放篇、新时代外交篇等多个专题,通过"中国关键词多语对外传播平台"以网络、外宣图书期刊、移动社交媒体等对外发布各语种词条近万条,内容涉及我国政治、经济、文化、社会、生态、外交等多个领域,语种涵盖英语、法语、俄语、西班牙语、阿拉伯语、日语、韩语、德语、葡萄牙语、意大利语等18种。

(二)图书出版

截至2019年底,《中国关键词》多语种系列图书已出版5个专题18个语种共百余部图书,合作出版和版权输出近20个文版;其中,《中国关键词(第一辑)》在美国出版电子书。2019年,《中国关键词:治国理政篇》多语种图书首发,并作为高访外宣活动的一部分,分别在蒙古国和巴西落地出版;《中国关键词:"一带一路"篇》(第2版)全部内容被收入第二届"一带一路"国际合作高峰论坛智库交流分论坛暨"一带一路"国际合作智库委员会官方网站,并分别在蒙古国、泰国落地出版,同时,该书皇室版被面赠中华人民共和国友谊勋章获得者——泰国公主诗琳通。

(三)成果传播

截至2019年底,"中国关键词"专题网站以15个语种上传专题230余个,网站境外受众页面浏览量累计达到242万次,访问者数达到74万人次;通过外宣期刊专栏及境外社交媒体平台、中国网境内外社交媒体平台定期推送多语种关键词,已覆盖境内外受众490万人次,阅读量达200万次,互动量超46万次,推广效果实现新突破。此外,"中国关键词"专题网站发布近300期中英双语视频节目,在中国网、国内主流视频网站及脸书、推特等境外社交媒体平台发布,视频播放量超1200万次,互动量超30万次。目前,"中国关键词多语对外传播平台"已初步构建起以专题网站为主体,涵盖境内外书刊传统媒体和社交网站、视频节目、移动端等微传播渠道的多语种、多媒体、多渠道、多形态综合发布平台。

二 中国特色话语对外翻译标准化建设

为建立中国特色话语对外翻译的科学化工作模式,提出中国特色话语对外翻译标准化建设的相关指导原则和若干衡量标准,破解对外翻译过程中存在的"速"与"达"之间的矛盾,切实有效提升国际传播能力和水平,自2018年起,在中国外文局指导下,当代中国与世界研究院、中国翻译研究院组织实施"中国特色话语对外翻译标准化建设"项目,通过4个相关机制,系统推进中国特色话语对外翻译标准化建设。

(一)研究机制

依托中国外文局对外话语体系建设研究机制和中国翻译研究院课题项目机制,以中国翻译协会对外话语体系研究委员会为工作平台,围绕中国特色话语对外翻译标准化建设开展联合研究。截至2019年底，共计委托研究课题11项，为中国特色话语对外翻译标准化建设工作丰富了权威语料，提供了智力支持。

（二）协调机制

依托中国翻译研究院、中国翻译协会对外传播翻译委员会的中译英、中译法、中译日研讨机制，协调翻译与对外话语研究领域的专家学者共同会商，针对外国受众反馈与我国预期不符或译法尚不一致的核心语汇，就修正、统一、规范达成多数意见，形成参考文本报送至国家有关部门，并借助中国翻译协会、中国翻译研究院、中国网等工作平台，协调业界使用统一规范的译法。2018年，中国翻译研究院两次组织召开"《深化党和国家机构改革方案》公布后各机构名称英译专题研讨会"，在此基础上完成《关于〈深化党和国家机构改革方案〉公布后各机构名称英译的建议》报告，全面梳理并提出中央党群机关以及国务院、全国人大、全国政协等近200个机构名称的英译建议方案。2019年，依托中译英研讨机制，就"习近平新时代中国特色社会主义思想""习近平新时代中国特色社会主义经济思想""习近平强军思想""习近平外交思想""习近平生态文明思想"以及"人类命运共同体"等重大政治词汇的英文译法达成共识，就"我将无我、不负人民""中国特色大国外交""精准扶贫"等近30项重点难点词汇英译形成一致意见；依托中译法研讨机制，就"两个维护""高质量发展""求真理、悟道理、明事理"等250余项重要政治词汇的法文译法取得研讨成果；依托中译日研讨机制，就"乡村振兴战略""总体国家安全观""重大主场外交"等30余项重要政治词汇的日文译法得出共同结论。

（三）发布机制

依托相关对外翻译工作机制以及中国翻译研究院相关发布平台，及时对通过协调机制研讨确定的中国特色话语及中央文献的规范译法、译文进行上报和发布，既为我国外事外宣部门和其他涉外机构提供重要参考和借鉴，也为我国重要政治词汇外译的统一化、规范化发挥积极作用，助力把握和提升中国话语的国际定义权和解释权。

（四）国际传播推广机制

依托中国外文局、当代中国与世界研究院组织举办的亚洲国家治国理政经验交流论坛、中法全球治理论坛、中俄全球治理论坛、巴西金砖国家治国理政研讨会、当代中国与世界论坛等国际会议活动，调动与我国长期合作的国际组织、媒体、智库、高校及研究机构的积极性，通过展览展示、宣传推介《中国关键词》《党政文献简写本》《中国特色话语对外翻译标准化术语库》等对外话语创新产品，促进我国官方规范译法、译文在国际社会的推广和应用。2019年11月，《中国政治话语对外翻译工作手册》（试行版）在新中国翻译事业70年论坛暨2019中国翻译协会年会上发布。《手册》分为总则和英语、法语、俄语、日语、西班牙语、阿拉伯语、德语、葡萄牙语、韩国语9个语种的翻译体例规范，为从事对外传播及涉外各领域的翻译工作者提供业务参考和借鉴，对提高政治话语对外翻译质量，推动政治话语翻译工作的科学化、规范化发挥重要作用。

（撰稿单位：中国外文局等；撰稿人：范大祺、申　阳、任才淇；

审稿人：杨　平）

民族语文事业与双语学习

2019年,国家民委以民族语文翻译基地建设、大学生双语志愿服务团建设、全国双语学习特色村镇建设为重点,促进民族语文事业科学发展,推动国家通用语言和少数民族语言双语学习,取得积极成效。

一 民族语文翻译基地建设

为创新推动全国民族语文翻译资源优化与翻译服务能力提升,经对全国12个民族语文工作重点省区及中国民族语文翻译中心(局)进行调研后决定,依托中国民族语文翻译中心(局)建设国家级民族语文翻译基地,并由该基地牵头,根据各地实际和需求,通过沟通协商,以签订合作协议的方式,设立若干分基地。基地功能目标为:以习近平新时代中国特色社会主义思想为指导,贯彻落实党和国家民族语文政策法律法规,服务党和国家工作大局;适应国家语言战略需求,促进民族语文翻译资源整合和人才聚集,加快成果产出,提升工作质量;促进行业翻译标准建设,在翻译实践活动中起到规范、示范作用;凝聚合力,组织承担翻译服务与研究项目任务,搭建学术交流合作平台,提供翻译实习与培训服务,统筹协调同一语种不同地区和领域的翻译活动,实现信息和成果共享等。12月,印发《关于设立并建设"1+X"国家级民族语文翻译基地的通知》,要求中国民族语文翻译中心(局)抓好组织实施,确保高质量完成基地设立工作并持续推进建设和发展,切实发挥应有作用;各有关地方民族语文工作部门和委属各相关单位要密切配合,大力支持,加大投入,共同建设好"1+X"国家级民族语文翻译基地,为铸牢中华民族共同体意识,促进各民族像石榴籽一样紧紧拥抱在一起,共同团结奋斗、共同繁荣发展做出积极贡献。

为加强民族语文翻译队伍建设,联合人力资源和社会保障部于9月22—28日在京举办第12期全国民族语文翻译工作业务骨干高级研修班。以朝鲜语文为主要方向,培训内容包括习近平新时代中国特色社会主义思想、民族语文政策、重温党史、汉朝文献翻译实践、朝鲜语言文化、民族语文信息化现状及发展等；培训学员 67 名，主要来自东北三省和北京等地的有关单位。

二　大学生双语志愿服务团建设

联合中央宣传部等部门持续推进大学生双语志愿服务团建设，认定西南民族大学、苏州大学、西北民族大学、内蒙古民族大学、贵州民族大学、新疆师范大学 6 所高校为全国大学生双语志愿服务团建设单位，至此，共认定 12 所全国大学生双语志愿服务团。各服务团深入践行工作宗旨，积极开展各类志愿服务活动。云南民族大学服务团前往云南省普洱市澜沧拉祜族自治县，开展以"推广国家通用语言文字，助力脱贫攻坚"为主题的暑期"三下乡"社会实践活动；西南民族大学服务团开展"'三区三州'在蓉青年同心营"活动；苏州大学服务团开展"苏州市少数民族流动人员语言文化政策培训"活动；西北民族大学服务团开展"助力脱贫攻坚'一带一路'多语言电商平台暑期推广"活动；延边大学服务团受邀赴内蒙古乌兰察布市为"第三届中国-蒙古国博览会"提供朝鲜语翻译志愿服务。活动取得良好社会效益，既促进了各民族语言相通心灵相通，服务了民族工作大局，也培养锻炼了青年人才，成为各有关高校立德树人、贯彻落实社会主义核心价值观的有效载体。其中，云南民族大学大学生双语志愿服务团获得由共青团中央、中国青年志愿者协会共同主办的第十二届中国青年志愿者优秀组织奖。

三　全国双语学习特色村镇建设

为扎实推进民族地区各民族学习使用国家通用语言文字和少数民族语言文字工作，助力基层脱贫攻坚和民族团结，启动双语学习特色村镇（实践基地）建设，通过组织开展各种双语学习活动，促进各民族感情相通心灵相通，为铸牢中华民族共同体意识做贡献。经各地申报、专家评审、部委研究和网上公示，综合考虑国家通用语言文字和少数民族语言文字学习使用情况、地区分布等因素，最终确定 21 个全国双语学习特色村镇（实践基地）建设单位。具体包括：内蒙古自治区呼和浩特市赛罕区人民路街道兴康社区、内蒙古自治区兴安盟科右前旗乌兰毛都苏木、辽宁省鞍山市铁西区永乐街道办事处永丰社区、辽宁省朝阳市喀喇沁左翼蒙古族自治县南哨街道白音爱里村、吉林省松原市前郭尔罗斯蒙古族自治县前郭尔罗斯镇䩞荷芽社区、吉林省延边朝鲜族自治州珲春市新安街道长安社区、黑龙江省佳木斯市同江市八岔赫哲族乡、黑龙江省大庆市杜尔伯特蒙古族自治县克尔台乡前伍代村、广西壮族自治区百色市田林县利周瑶族乡、广西壮族自治区河池市东兰县武篆镇、四川省阿坝藏族羌族自治州红原县邛溪镇玛萨村、四川省凉山彝族自治州喜德县两河口镇两河口村、贵州省黔西南州布依族苗族自治州晴隆县三宝街道、贵州省黔东南苗族侗族自治州黎平县双江镇四寨村、云南省临沧市沧源佤族自治县勐角民族乡糯掌村、云南省普洱市澜沧拉祜族自治县酒井哈尼族乡勐根村、西藏自治区拉萨市城关区八廓街道鲁固社区、甘肃省武威市天祝藏族自治县天堂镇天堂村、甘肃省酒泉市阿克塞哈萨克族自治县阿勒腾乡、青海省玉树藏族自治州玉树市团结社区和青海省海西蒙古族藏族自治州天峻县新源镇。

（撰稿单位：国家民委教育科技司；撰稿人：杨　静、朴美仙、王学荣；

审稿人：田联刚）

青少年中华语言文化传承活动

2019年，共青团中央按照国家语委成员单位职责分工，针对青少年特点，结合工作实际，积极开展中华语言文化传承活动，取得明显成效。

一 全国青少年弘扬中华优秀传统文化交流展示活动

活动旨在深入贯彻习近平总书记关于"加强对中华优秀传统文化的挖掘和阐发"的重要批示精神，由共青团中央联合山东省人民政府共同主办，主题为"文化传承·逐梦青春"，2015年以来已连续举办3届。

活动由系列子项目构成，包括"青年大学习"——习近平总书记用典专题学习活动、"传承达人"青春汇线上学习竞答活动、中华优秀传统文化精粹感知行活动、中华优秀传统文化学习成果交流展示项目、曲阜文化快闪活动等。

活动通过线上传承普及、线下展示交流、传统文化走基层等方式推进。在线上传承普及方面，开发线上学习平台、"传承达人"趣味微信答题小程序，开通"青年大学习——习近平总书记用典中的传统文化"线上学习专区，形成知识库，供广大青少年线上学习，依托组织化和网络化渠道，发动全国青少年积极参与。在线下展示交流方面，采用百人团对战、研学、开学第一课等形式，为广大青少年搭建学习展示、交流切磋、趣味体验平台。在传统文化走基层方面，开办"孔子学堂"近200家，广泛开展"传统文化感知行"活动，制作发布一批传统文化公开课网络课程向基层传播，组建传统文化青年爱好者队伍定期进社区开展活动，推动高校优秀传统文化项目走进地方中小学校。

活动组建学术顾问团和专家工作委员会，邀请中国孔子基金会、中国实学研究会等作为活动学术指导单位，不断优化形成以"赛、论、研、典"为主体的活动体系。活动在"@共青团中央""@学校共青团"官方微信公众号开设"文化传承"专区，设置报名通道；打造以"国"字标为主元素的视觉识别系统，制作活动宣传推介片、公益宣传片、"传承达人"招募令MG（动态图形）

动画、《青春有个国学荟》MV（音乐短片）和活动卡通形象等，通过"学习强国"APP（应用程序）及团属新媒体进行线上推广，网络点击浏览量超过300万次。活动拍摄曲阜文化快闪，邀请青年明星演唱优秀传统文化歌曲、诵读经典著作，取得良好传播效果。5年来，活动覆盖面不断扩大，影响力不断提升，覆盖31个省份、1800余所高校、2万余所中小学，共有约1000万人参加活动。

二　中国青少年书法美术征集展示交流活动

活动旨在庆祝中华人民共和国成立70周年，弘扬以爱国主义精神为核心的民族精神，增强青少年的民族自尊心和自豪感，由共青团中央宣传部联合中国美术家协会、中国书法家协会、中央美术学院等共同举办，4月启动、12月收官，时间跨度长达9个月。

活动包括"我与共和国共成长"百米长卷现场创作、优秀作品全国巡展、大师讲习班等内容。作品征集分为儿童组、少年组、青年组和青年院校组4个组别，书法、美术等12个类别。活动以线下创作、线上传播相结合的方式开展，活动期间安排网络直播人员对创作过程、专家巡场指导等做直播展示，在中央广播电视总台书画频道和网络平台进行同步播出。活动为优秀作品作者提供创作奖励、专业讲座、培训、推广等扶持资源，并结集出版优秀作品。

活动吸引全国书法美术爱好者广泛参与，共收到作品10万余幅，评选获奖作品628幅、优秀指导老师25人、优秀组织机构25家。来自全国的140名青少年书画爱好者参加10月在京举行的"我与共和国共成长"百米长卷现场创作活动。优秀作品巡展历时10天，展览作品涉及9种品类、100幅作品，2万余人参展。

（撰稿单位：共青团中央宣传部；撰稿人：林显东；审稿人：吕通义）

地名普查与地名文化传承

2019年,民政部牵头完成第二次全国地名普查,加快地名信息化建设,在地名管理与服务工作中深入贯彻实施国家语言文字方针政策,打造地名文化品牌节目,以地名为载体传承传播中华优秀文化。

一 第二次全国地名普查

为查清我国地名基础情况,掌握地名基础数据,提高地名标准化水平,加强地名信息化服务,向社会提供全面准确的地名信息,2014年1月,国务院印发《关于开展第二次全国地名普查的通知》,以全国所有陆地国土(不含香港特别行政区、澳门特别行政区、台湾省)为普查范围,以2014年12月31日为标准时点,从2014年7月1日始开展第二次全国地名普查;决定成立由25个部委为成员单位的国务院第二次全国地名普查领导小组(以下简称"领导小组"),办公室设在民政部。

普查启动以来,领导小组办公室加强统筹规划,完善制度建设,落实质量监控,开展社会宣传,形成"政府主导、民政牵头、部门协作、社会参与"的地名普查工作格局。先后组织召开启动部署会、经验交流会、工作推进会等12次全国会议,系统推进各项普查任务,部署实施试点地区地名补查、跨界自然地理实体地名普查等专项工作。先后制定地名普查实施方案、工作规程、资金管理、质量管理、督查监理、保密管理、成果验收、档案管理等20项制度规范,形成系统严密、运行有效的普查制度规范体系。研发地名普查质量管理和验收、入库检查系统,对普查数据进行全面审核、抽查复验和入库检查,指导督促各地严格实施省、市、县三级督查、监理、检查、验收,确保普查成果质量。搭建专题网站,发布普查标志和宣传口号,举办最美地名评选、"地名情·中国梦"短视频征集等10多项全国性宣传活动,为普查工作营造良好社会氛围。

普查启动以来,各地按照领导小组统一部署,精心组织,周密部署,扎实推进。县级以上地方各级人民政府相应成立地名普查领导小组及其办公室,组建专家咨询委员会,建设专业齐全、覆盖面广的普查工作队伍,制定230多个普查规范性文件,全面落实地名普查的组织保障、人员保障和制度保障。积极应用现代信息技术提高普查成效和质量,在外业调查中,广泛使用遥感、无人机等现代科技手段,提高采集效率;在内业整理中,将空间技术与历史文化相融合,创新地名文化挖掘方式,提高普查成果文化含量;在数据审核中,将计算机智能检测与人工审核相结合,运用"互联网+"等方式发挥社会公众作用,使地名普查更准确翔实。广大地名普查人员深入城乡社区、村庄调查,亲赴沙漠、高山等偏远地区勘测,考证信息、标绘地图,确保各项普查任务圆满完成。

2018年底,地名普查任务基本完成。全国共采集地名1320多万条,修测标绘地名图2.4万多幅,基本查清了全国地名情况;对有地无名的地理实体进行命名,对7.9万多条"大、洋、怪、重"等不规范地名进行标准化处理,进一步提高了地名标准化水平;新设、更新地名标志68万多块,进一步健全了城乡地名标志体系;建立国家、省、市、县4级地名数据库,开发地名信息政务管理平台和社会服务平台,显著提升了地名信息化管理服务能力;建立完整的地名普查档案,编纂出版一批标准地名图录典志等工具书和地名文化图书,为社会提供了更多更优的地名信息服务。

2019年4月23日,领导小组印发《关于表彰第二次全国地名普查先进集体和先进个人的决定》,授予北京市规划和自然资源委员会地籍管理处(地名管理处)等100个单位"第二次全国地名普查先进集体"称号,授予史悦等100名同志"第二次全国地名普查先进个人"称号。5月7日,领导小组召开"第二次全国地名普查总结电视电话会议",进行总结表彰。

二 国家地名信息库建设

依托第二次全国地名普查成果,组织完成"中国·国家地名信息库"(以下简称"信息库")建设。信息库设置一主两副3个板块,主板块包括信息查询、行政区划、界线界桩、地名标志、历史地名、审音定字、地名原读音、统计分析、地名研究、意见反馈等功能;上区副板块设置工作动态、资源下载、地名申报等功能;下区副板块设置站内检索功能。

信息库数据规模大、覆盖范围广、信息内容丰富。依托普查采集的1320

多万条地名等成果，从中筛选公布约1200万条地名、74万条地名标志、5500条界线、2.8万颗界桩、89万条地名原读音数据，总数据规模约20T；覆盖普查标准时点全国2854个县级政区，包括陆地水系、陆地地形、行政区域、群众自治组织、非行政区域、居民点、交通运输设施、水利电力通信设施、纪念地旅游景点、建筑物、单位等11大类49个中类地名类别；既有"音""形""意""位""类"等属性信息，也有照片、语音等多媒体信息，还有行政区划、界线界桩、地名专用字和专读音等专题信息。

信息库建设在理念、形式、内容等方面努力创新。贯彻"互联网+"理念，以社会需求为导向，以提升管理服务水平为目标，进一步加强互联网创新要素、创新体系和创新理念与地名的对接应用，实现地名政务管理与地名社会服务的有机结合。充分运用电子地图、遥感影像等技术手段，拓展利用互联网、大数据等技术方式，实现地名信息与地图影像相结合、地名查询与统计分析相结合、地名政策与理论研究相结合。在国家层面实现4个"首次"，首次公布全国地名信息，首次公布全国省、市、县三级界线界桩信息，首次公布全国地名专用字、专读音信息，首次公布全国地名原读音信息。

信息库坚持开放互动。坚持"公开是原则、不公开是例外"，做好保密技术处理，除少量涉密、敏感地名信息按照国家有关规定不公开以外，做到"能公开尽公开"，全部提供给社会使用。畅通渠道，注重互动交流，开设意见反馈、地名研究、地名申报等栏目，鼓励社会各界积极参与信息库建设，集思广益、汇集智慧。强化共享，以专题数据为重点，提供资源下载，推动地名信息社会共享，鼓励社会各界开发更多服务公众的地名信息化产品。动态更新，按照分类分级、多渠道结合的方式及时做好地名信息更新，做到动态更新、实时维护，确保地名信息的现势性和准确性。

三 首届中国地名大会

为弘扬中华优秀地名文化，在中央宣传部指导下，民政部和中央广播电视总台联合摄制中国首档大型地名文化类电视节目《中国地名大会》。节目以"从地名看文化，从文化看中国"为主旨，通过知识竞赛、文化解读、人物故事等多种形式，展现华夏地名文化与社会风貌。节目共12期，每期90分钟，从11月16日起先后在中央电视台4套、1套和2套播出。

节目内容准确、形式精彩。来自地名、历史、地理、传媒等多学科的专家学者组成专家组,全程参与试题拟制、内容编排、解读评述、字幕台词等各环节工作,深入挖掘地名背后蕴含的历史故事和文化内涵,对节目进行全方位审核把关。

节目创新融媒体互动方式,取得良好传播效果。在电视端播出的同时,官方微博发布的250余条原创短视频,引发上万家微博以及地方政务平台转发,累计播放量超过9500万;联合腾讯等社交媒体,发起"那些一读就错的地名""方言里的地名""舌尖上的地名"等互动话题与活动,累计阅读量超过5.5亿次;联合抖音平台发起"地名背后是家乡"挑战赛,累计播放量达38.8亿次;节目同名答题小程序总访问次数超过2650万。

节目播出后社会反响热烈,入选国家广电总局2019年第四季度全国创新创优节目和中央广播电视总台配合疫情防控工作优秀电视节目。电视端收视人次累计达4亿;近3000家中央、地方媒体及各类自媒体宣传报道,全网报道链接达40万条。《人民日报》《光明日报》等中央媒体对节目在新时代传承中华文脉、全面提升人民群众文化素养和家国情怀、增强国家文化软实力、坚定文化自信方面的重要意义给予高度评价。

(撰稿单位:民政部区划地名司;撰稿人:曹瑞昌、杨　刚;
审稿人:陈克相)

手语和盲文规范化标准化信息化建设

2019年，中国残联、教育部、国家语委全面贯彻落实《国家手语和盲文规范化行动计划（2015—2020年）》，积极开展手语和盲文规范化标准化信息化建设，取得重要进展。

一 手语和盲文规范标准研制发布

发布实施国家语委语言文字规范《汉语手指字母方案》。该《方案》替代1963年发布施行的原方案，保持原方案简单、清楚、形象、通俗的基本设计原则，吸收现代语言学和手语语言学的理论成果，根据手指字母使用实践中发现的问题进行针对性修订，在内容体例、图示风格上与《国家通用手语常用词表》保持一致。7月15日发布，11月1日起实施。

研制《中华人民共和国国歌》国家通用手语版，形成送审稿，报国家语委语言文字规范标准审定委员会审议。研制国家通用手语和国家通用盲文水平等级标准，形成草案，在北京、天津、湖南、南京等地试测并征求意见。启动研制中国手语翻译资格（水平）等级标准和国家通用盲文测试大纲。

二 手语和盲文语料库建设

启动建设国家通用手语语料库，召开建设标准研讨会，研究国家通用手语语料库的性质定位、基本原则、建设路径、技术规范和信息管理系统框架。建设国家通用盲文信息化转写语料库，完成"通用盲文量化评价软件"设计开发。采集手语信息，12个有手语信息采集任务的省（区、市）共完成3期采集，发布汉语词语580个；配合第六届全国残疾人职业技能大赛，采集并筛选茶艺、刺绣、计算机、陶艺、编织、木工、摄影等专业手语词汇1338个打法；在上海、甘肃等地调研，重点采集气象预报手语、老年聋人手语视频等手语信息。

三　国家通用手语和国家通用盲文培训推广

加强国家通用手语和国家通用盲文分级培训。组织开展国家通用手语国家级培训 9 期、国家通用盲文国家级培训 2 期，培训手语骨干人员 634 人、盲文骨干人员 320 人，其中为"三区三州"培训国家通用盲文推广骨干教师 24 名。22 个省（区、市）组织开展的省级培训中，手语培训 4420 人次、盲文培训 730 人次；北京、青海等地开展国家通用手语和国家通用盲文网络授课，培训对象超过 23.7 万人次。

推进国家通用手语和国家通用盲文教学。印发《特殊教育专业认证标准》，要求特殊教育专业师范生要掌握国家通用手语或国家通用盲文等从教基本功。秋季启用的部分聋校或盲校的义务教育阶段教材开始使用国家通用手语或国家通用盲文。完成"国家通用盲文学习"APP（应用程序）研发并上线发布，帮助盲人学习国家通用盲文。

四　手语和盲文研究

根据《中国残联手语和盲文项目管理办法（试行）》，完成年度手语盲文科研项目立项评审，共 10 项，其中手语 6 项、盲文 4 项，内容涉及国家通用手语医疗服务、国家通用手语交通服务、国家通用盲文出版行业标准、盲文读写速度标准等研究。完成 2018 年度项目中期检查和 2017 年度项目结题工作，内容涉及国家通用手语培训教材开发研究、法律手语研究、针灸推拿专业国家通用盲文符号简写方案研究。

五　手语和盲文出版

《国家通用手语词典》正式出版，收录常用手语词汇 8214 个，相配套的手语视频 APP 同时上线。《美术常用词国家通用手语》《计算机常用词国家通用手语》《体育和律动常用词国家通用手语》的修订和视频拍摄基本完成。"数学常用词国家通用手语补充研究"基本完成。

全年共出版盲文读物 1000 种，34 万册，2740 万印张；国家通用盲文新书发稿 824 种，发稿字数 6477 万字，完成终校图书 713 种。研制出版大字与国家通用盲文对照等新型读物，为国家通用盲文学习推广提供保障。启动《中国盲文（第三版）》修订工作，研讨国家通用盲文推广实施后《中国盲文》的修订方案。

（撰稿单位：中国残联教就部；撰稿人：陆　宁、倪　兰；

审稿人：李东梅）

科技名词审定

2019年,全国科学技术名词审定委员会(以下简称"名词委")出版科技名词大型工具书《中华科学技术大词典》,审定公布近6万条科技名词,加强规范科技名词传播普及,推动我国科技术语规范化工作取得重要进展。

一 出版《中华科学技术大词典》

《中华科学技术大词典》是集名词委审定公布名词和海峡两岸名词对照之大成的大型工具书,列入《2013—2015国家辞书编纂出版规划》,并获得国家出版基金项目支持。6月由商务印书馆出版。词典由白春礼担任主编,路甬祥担任名誉总主编,500多位来自各学科领域的两岸专家学者参加编纂和审定工作。词典共收录两岸96个学科、约50万条科技名词,包括数理化卷、地学卷、生物学卷、工程技术卷(上、中、下)、农业卷、医学卷、社会科学卷、人文科学卷,共10卷;实现了大陆名与台湾名的对照、中文名和英文名的对照,特色鲜明。词典是一项重要的科学文化工程,有利于发挥辞书规范功能,推进科技创新发展、促进中华文化传承、增进两岸交流。

二 公布近六万条科技名词

全年正式公布科技名词共16种58 888条,其中医学类名词9种、工程技术类名词4种、自然科学类名词2种、社会科学类名词1种。另有近20种名词完成复审程序,进入预公布或正式公布程序。名词委2019年公布名词情况具体见表2-1:

表 2-1　名词委 2019 年公布名词情况

序号	类别	名词及版本	词条数	出版社
1	医学类	《结核病学名词》（定义版）	1230	科学出版社
2		《阿尔茨海默病名词》（定义版）	1003	科学出版社
3		《肠外肠内营养学名词》（定义版）	861	科学出版社
4		《精神医学名词》（定义版）	938	科学出版社
5		《烧伤学名词》（定义版）	1123	科学出版社
6		《感染病学名词》（定义版）	2911	科学出版社
7		《计划生育名词》（定义版）	1519	科学出版社
8		《手外科学名词》（定义版）	2648	科学出版社
9		《运动医学名词》（定义版）	2094	科学出版社
10	工程技术类	《电力名词》（定义版）	9050	科学出版社
11		《化工名词（二）》（基本有机化工）（定义版）	1120	科学出版社
12		《化工名词（三）》（化学工程基础）（定义版）	2025	科学出版社
13		《冶金学名词》（第二版、定义版）	8647	科学出版社
14	自然科学类	《植物学名词》（第二版、定义版）	5857	科学出版社
15		《物理学名词》（第三版）	14 426	科学出版社
16	社会科学类	《图书馆·情报与文献学名词》（定义版）	3436	科学出版社
		总计	58 888	

三　推动科技名词传播普及

加大网站和微信公众号传播力度。门户网站完成名词委信息公开及宣传工作，访问量比去年提升 30%。"术语在线"平台社会影响持续扩大，累计提供 2000 余万次检索服务，平均日活跃用户 5 万余人次，服务量是前两年的总和，移动客户端装机量达 23 419 台。"术语中国"微信公众号发布量和阅读量均比去年增长一倍，"术语在线"微信小程序累积用户达 5800 余人，平均日活跃用户 200 余人次。

加强新闻出版领域科技名词规范使用培训与推广。全年开展 4 期科技名词规范与出版物质量培训活动，累计培训 884 名编辑人员。积极参与出版人员职业资格考试的命题、阅卷、教材修订等工作，与出版产品质量检查监测部门研商科技名词在出版物的规范使用情况质量检查机制。

办好"学习强国·每日科技名词"栏目。7月,中央宣传部宣传舆情研究中心与名词委合作推出的"每日科技名词"栏目在"学习强国"学习平台上线。栏目每天推送一组规范科技名词,包含中英文名称、学科归属、定义及相关名词等内容。上线以来,已发布162篇稿件,总点赞量超过350万。

组织术语规范宣传普及活动。与国家市场监管总局、计量研究院等机构合作,组织国际单位制7个基本单位中文新定义发布及宣传活动。与北京师范大学出版科学研究院、《咬文嚼字》杂志社等机构合作举办"木铎杯"首届全国出版编校网络大赛。与中科院植物所等10多家机构加强交流,在知识服务、图书情报、术语翻译、标准化、科普等领域开展探索性合作。

(撰稿单位:全国科学技术名词审定委员会;撰稿人:王　琪;
审稿人:裴亚军)

第三部分

地方特色工作

广西推普脱贫攻坚成效显著

近年来，广西壮族自治区积极落实《推普脱贫攻坚行动计划（2018—2020年）》，按照"核心是精准，关键在落实，确保可持续"的工作方针，以普通话水平较低群体为主要对象，加大贫困地区教育脱贫攻坚力度，不断提升基层群众特别是贫困、边远地区群众的普通话水平，取得积极成效。

优化顶层设计，推进推普脱贫攻坚全面开展。一是落实经费保障，加大投入力度，2019年投入279万元。二是制定实施方案，明确全区推普脱贫工作的目标任务、时间表和路线图，建立推普脱贫攻坚责任制，落实各级语委、教育局、扶贫办和语委成员单位的职责分工，形成"上下一致、左右联动"的工作合力。三是将推普脱贫攻坚和"学前学会普通话"行动两项工作列入各地教育行政部门、各县人民政府教育扶贫绩效考核项目。

强化督导评估，促进推普脱贫攻坚高效开展。全面完成三类城市语言文字工作评估，在全国率先从城评工作"回头看"活动直接转入语言文字工作督导评估。将推普脱贫攻坚和县域普通话普及达标要求纳入督导评估指标，从制度建设、条件保障等方面进一步夯实语言文字工作机制，推动推普脱贫工作向纵深发展。2018年，河池市金城江区和罗城仫佬族自治县以优异成绩通过国家级督导评估；2019年3月，罗城仫佬族自治县在全国语言文字工作会议暨推普脱贫攻坚中期推进会上就"县域语言扶贫工作"介绍典型经验。当前，广西各地语委积极学习"罗城经验"，多个县域的推普脱贫工作信息在教育、扶贫部门的官方网站以及光明日报、人民网和省、市级新闻媒体上发布。

聚焦目标任务，确保推普脱贫攻坚落地见效。一是开展摸底调查。组织开展县域普通话普及调查，连续3年每年面向相应群体抽样调查4万余人。各级语委建立健全推普脱贫攻坚工作台账，并将"是否会讲普通话"列入《广西脱贫攻坚精准帮扶手册（2019年度）》，作为"脱贫户家庭基本情况"中需采集并上传全国扶贫开发信息系统的内容之一。二是加强培训。制定中小学教师语言文字水平提升计划，面向贫困地区农村中小学教师、语委干部等，开展语言文字政策法规、语言文字规范标准、中华经典诵读指导等相关培训,全区参加推普脱贫培训和自治区级观摩活动的人员超过3万。三是实现精准推普。全区各级语委根据扶贫部门提供的统计信息和调查摸底的情况,面向所辖县(市、区)特别是33个国家扶贫开发工作重点县和石漠化片区县开展"送培下乡"活动,免费向基层发放《普通话1000句》《儿童学习普通话365句》共1.7万本,其他推普脱贫书籍、学习手册3万余册,不断提高基层群众特别是贫困地区农民的国家通用语言文字能力。

创新工作方法,突出推普脱贫攻坚成果亮点。全区各级教育、扶贫、民宗、广电等部门共同努力、积极配合,连续两年开展"推普脱贫乡村行"系列活动。每年6月中旬和9月推普周期间,在深度贫困县的贫困村开展"六个一"活动(组织1期推普公益示范课堂、制作1个推普脱贫攻坚活动宣传片、开展1次基层推普调研、组织1次主题文化下乡活动、制发1套普通话学习手册、搭建1个推普学习网络平台),切实发挥语言文字在打赢精准脱贫攻坚战中的基础作用。自治区语委办联合广西广播电视台推出"跟我学说普通话"网络课堂,完成《推普脱贫乡村行——跟我学说普通话》《推普脱贫乡村行——学前儿童学习普通话》双语版编制和音视频录制,通过"广西语言文字网"和"广西语言文字""北部湾在线"微信公众号等网络平台发布,由各地送培下乡教师、推普志愿者、扶贫工作队员等指导贫困地区干部群众在线学习,进一步扩大了推普脱贫培训范围和效果。

开展达标建设,夯实推普助力脱贫攻坚工作阵地。印发《关于加强全区学校语言文字规范化建设工作的实施意见》,夯实学校语言文字工作基础,为深入开展推普脱贫攻坚提供有力保障。要求各地语委、各高校和区直中专学校将推普工作从校园向社会延伸,积极鼓励、引导在校学生利用"三下乡"实践活动,充分发挥学校推普工作对社会特别是贫困地区的辐射作用,做推普倡导者、践行者;积极组织普通话水平测试员、教师和推普志愿者,从贫困地区基层群众的需求出发,通过开展普通话实用口语培训、语言文字趣味活动等,扩大推普脱贫工作受众面,提高定点扶贫地区青壮年劳动力和青少年儿童的语言文字应用能力。

(撰稿人:黄 凯、韦方奇;审稿人:唐耀华)

四川精准推普助力精准脱贫

四川是全国第二大藏区、最大的彝族聚居区和唯一的羌族聚居区，世居民族14个。区域内语言现象繁杂、语情复杂，几乎"一县一口音"。语言障碍制约着贫困人口的认知水平、生产能力和当地经济发展，是全面打赢脱贫攻坚战必须迈过的一道"门槛"。近年来，四川将"语言扶贫"纳入全省脱贫攻坚总体战略，列为彝区藏区脱贫攻坚重点工程，统筹各方援助资源和帮扶力量，多措并举、精准发力，取得阶段性成效。

强化政府统筹，凝聚推普合力。省委、省政府高度重视推普助力脱贫攻坚工作，省政府主要领导、分管领导多次做出专门批示并出席相关会议、活动。省政府将推普助力脱贫攻坚工作纳入与教育部签署的打赢教育脱贫攻坚战《合作备忘录》；省教育厅、省扶贫开发局、省语委共同制定了《四川省推广国家通用语言文字助力脱贫攻坚行动实施方案（2018—2020年）》，明确了推普助力脱贫攻坚工作任务书、路线图、时间表，省、市（州）、县（区）、乡镇挂图作战，对标落实，形成了齐抓共管、合力推进的工作局面。

聚焦重点人群，发挥带动效应。以凉山州等民族地区和"四大片区"88个贫困县、11 501个贫困村、194万户建档立卡贫困户为主要对象，以学前幼儿、青壮年农牧民、"一村一幼"辅导员等为重点人群，依托高校和采用农民夜校等形式开展少数民族教师、青壮年农牧民"职业技能＋普通话"培训和"推普下乡"宣讲培训。2019年共培训教师34 213人，基层干部42 908人，青壮年农牧民109 686人，通过"培训一人，带动一家，影响一片"，有效提升贫困地区普通话普及率。

实施学前学普，打好语言基础。2015年，在凉山州创新实施"一村一幼"计划。2018年，在大小凉山彝区启动"学前学会普通话"试点，以"听懂、会说、敢说、会用"为目标，在14个深度贫困县及其他6个县（市）民族乡镇4184个幼教点开展试点，配备教师和辅导员16 099人，惠及幼儿27.88万人，帮助学龄前儿童过好"语言关"。试点项目荣获2019年"全国脱贫攻坚组织创新奖"。目前试点工作已在全省民族地区推广。

深化对口支援,有效助力推普。发挥川粤、川浙教育扶贫协作优势,推进广东、江苏以经费支持、人员培训等方式对口帮扶凉山州,浙江13个县"一对一"支援阿坝州实现结对帮扶全覆盖。全省教育系统1066名干部教师对口支援贫困地区,将推普工作作为重要内容纳入支援成效考核。

创新推普实践,营造浓厚氛围。省教育厅、语委召开全省推普助力脱贫攻坚现场会,表扬先进典型,推广先进经验,安排部署任务。充分利用推普周、诗词大会、经典诵读活动等大力开展推普助力脱贫工作。2019年在中华经典诵读活动框架下,创新设置推普助力脱贫攻坚组,为"一村一幼"辅导员、基层干部、青壮年农牧民搭建展示平台,激发其学、讲普通话的热情。省教育厅、团省委在省内高校组建119支实践团队,深入民族地区开展普通话教学与宣传,营造推普助力脱贫攻坚良好氛围。

(撰稿人:蔡存明、陈雪梅;审稿人:古丽帕丽·阿不都拉)

云南推广运用"语言扶贫"APP

近年来,云南将民族地区普及国家通用语言纳入全省扶贫攻坚行动计划,作为省委、省政府督办的重要工程,运用手机应用软件,结合常规集中培训,重点帮扶7.4万名"直过民族"和人口较少民族建档立卡贫困人口学说普通话、学认读500个高频常用汉字。

2018年4月,云南省教育厅、中国移动通信集团云南有限公司、科大讯飞股份有限公司签署"云南省'直过民族'和人口较少民族推广普通话及素质提升实施方案"APP(应用程序)项目应用合作协议。同期,科大讯飞"语言扶贫"APP正式上线。为推广应用"语言扶贫"APP,协议三方采取了一系列措施。

云南省教育厅、语委积极落实组织保障。投入专项经费200万元,用于手机应用软件开发及运维服务。召开专题培训会,对16个州市教育局、扶贫办、民族宗教部门负责人及42个有培训任务的县教育局分管语言文字工作领导和"挂包帮、转走访"联席会议办公室负责人等170余人进行APP使用培训。印发《关于推广应用"语言扶贫"APP相关工作的通知》,从扶贫专干、乡镇和村级教师、驻村扶贫工作队员、大学生村官等中选拔9242名APP技术指导员,负责手机发放、台账管理、宣传发动、技术指导、信息反馈、后台管理等工作。先后组织省属52所高校、1100余名大学生志愿者暑期深入"直过民族"和人口较少民族聚居的39个县334个村寨开展推广国家通用语言文字主题社会实践活动,协助当地"语言扶贫"APP定制手机的发放、下载安装和使用指导。

中国移动通信集团云南有限公司提供设备与流量支持。两年来向全省18—45岁"直过民族"和人口较少民族建档立卡贫困户发放手机19 279台,合计价值940余万元;为123 498人免费提供"语言扶贫"APP定向流量。

科大讯飞有限公司提供技术支持。负责"语言扶贫"APP的技术维护和滚动开发，对用户使用情况进行实时监测，汇总用户所在地、性别、年龄、学习模块、学习时长、活跃时间段等数据资源，适时解决可能出现的技术问题。

通过"语言扶贫"APP的推广与应用，云南初步建立了线上自学、线下培训，"人人皆学，处处能学，时时可学"的自主学习环境，实现了目标人群学习普通话、识字全覆盖。截至2019年底，全省共有16个州市131个县区1218个乡镇14 790个村287 230人通过APP学习普通话。

（撰稿人：丁　峰、杨跃琼；审稿人：张春骅）

新疆生产建设兵团加强国家通用语言文字教学与普及

近年来，新疆生产建设兵团立足兵团、辐射新疆全区，全面推动兵地少数民族师生、干部、群众学习使用国家通用语言文字，力争做到双促进、双提高。

发挥学校基础阵地作用，全力推进国家通用语言文字教学。幼儿园以强化少数民族幼儿国家通用语言口语训练为主，打好幼儿国家通用语言基础。少数民族中小学校实施"所有学段全部课程使用国家通用语言文字教学，加授民语课"的教学模式，全面实行民汉学生混合编班、混合住宿、混合用餐，促进民汉学生交往交流交融，营造良好的国家通用语言文字学习环境。对基础薄弱学生进行强化训练、分层教学，提升国家通用语言文字教学质量。开展国家通用语言文字示范校（园）评估认定工作，评定表彰13所兵团国家通用语言文字示范校（园）。2018年秋季，兵团中小学、幼儿园国家通用语言文字教学普及率达到100%。

狠抓教师队伍建设，全面提升教师国家通用语言文字教学能力。研究制定《关于兵团少数民族中小学教师国家通用语表达及国家通用语授课能力考核的指导意见》等文件，为提升少数民族教师国家通用语言文字教学能力奠定制度基础。通过"援疆援藏万名教师支教计划"、三区支教、西部志愿者、大学生支教、特岗教师招聘等途径补充合格教师，2017—2018年共补充教师3309名，提升教师队伍国家通用语言文字教学整体水平。注重教师国家通用语言文字能力培训，每年通过"国培计划"、继续教育、岗位能力培训、援疆培训等途径培训教师约1万人次。开展兵团教育系统结对帮扶工作，组织北疆条件较好、教育质量较高的师市、学校结对帮扶南疆，提升国家通用语言文字教育教学质量。

做好干部群众培训，推动全员学习国家通用语言文字。兵团教育、政法、组织、人社部门齐抓共管，出台并落实《兵团少数民族职工群众国家通用语言文字培训实施意见》。在少数民族聚居团场、连队举办国家通用语言文字培训班，每年集中培训时间不少于300学时。组织编印国家通用语言文字培训教材，满足少数民族干部群众学习需求。截至2019年底，兵团60周岁以下实际参加国家通用语言文字培训的少数民族职工群众为6.8万人，占应参加培训人员总数的73.9%。参加培训的学员掌握1000个汉字及以上的有2.7万人，占应培训总人数的29.3%。其中，1.8万名学员能认读1000个汉字，0.6万名学员能认读2000个汉字，0.3万名学员能认读3000个汉字。

开展推普专项活动，稳步提升国家通用语言文字普及程度。组织实施2018年全国普通话普及情况调查工作，共计完成调查样本5600个。开展学生、教师、社会人员普通话水平测试工作，严把测试关，提高测试水平，2018年测试人数近2万，并颁发了普通话水平测试等级证书。会同新疆维吾尔自治区举办"讯飞杯"——2018年"小手拉大手"青少年双语口语大赛，通过孩子带动家长学说普通话。实施中华经典诵读工程，培训诵读教师约7700人，强化校长、教师和学生自觉规范使用国家通用语言文字和自觉传承弘扬中华优秀语言文化的意识。认真开展一年一届的推普周活动，增强影响力，扩大覆盖范围，在群众特别是师生群体中营造学说普通话的浓厚氛围。

落实支援帮扶工作，提升新疆维吾尔自治区国家通用语言文字普及水平。兵团积极发挥国家通用语言文字普及程度较高、语言学习环境较好的优势，支持帮助新疆维吾尔自治区推进国家通用语言文字教育工作。各级各类学校和幼儿园就近就便招收新疆维吾尔自治区学生就读，2018年秋季共招收8.39万名学生，其中少数民族学生2.62万人。举办少数民族区内初中班，主要招收地方少数民族学生，目前在校生达到7900人，全部实现国家通用语言文字教学。2017—2018年，共选派4000名干部教师到南疆农村幼儿园开展学前支教，选派学校管理人员、优秀骨干教师及石河子大学学生到和田地区学校支教。连续多年为新疆维吾尔自治区培训少数民族双语教师，仅2018年就培训397人，切实提高教师国家通用语言文字教育教学水平。兵地双方共选择194所学校和幼儿园开展"手拉手"结对帮扶工作，选派校（园）长和教师进行挂职、交流、学习，帮助提升管理能力、教科研水平和国家通用语言文字教学水平。

（撰稿人：王　民；审稿人：郑立峰）

山西强化语言文字工作督导评估

2016年以来，山西省语委、教育厅坚持把督导评估作为语言文字工作的重要抓手，精心谋划、扎实推进，有效推动全省语言文字达标工作深入开展。截至2019年底，已对18个县的语言文字工作进行了督导评估，30个县已经做好迎接省级督导检查准备。

强化组织领导，规范工作流程。连续3年将语言文字工作督导列入全省教育事业年度工作要点，督促各市、县切实将语言文字工作督导评估纳入政府议事日程。制定颁布《山西省语言文字工作督导评估暂行办法》和《山西省语言文字工作督导评估标准（试行）》，明确省、市、县各级语委职责分工，规范"县级自评、市级复核、省级督导评估"工作流程。

开展专题培训，落实队伍保障。面向基层语委加强迎评工作培训，通过宣讲方针政策、解读指标体系、组织实地观摩等，推动迎评单位明晰工作架构、理清工作思路、把握工作重点，提升全省语言文字战线工作能力和水平，有效推进区域语言文字工作。组建由教育督导、语言文字等相关领域专家共同组成的评估专家队伍，加强现场评估工作培训，明确工作要求，统一操作办法，要求评估专家在现场评估中，坚持"把握导向、立足发展、尊重规律、注重实效"的指导原则，在对被评单位党政机关、学校、新闻媒体、公共服务、乡镇农村、城市街道等的评估数据进行深入分析的基础上，肯定成绩、提炼经验，指出问题、分析原因，提出整改方向和具体建议。

推动重点工作，发挥评估实效。着力打造大语言文字工作格局，注重工作内在联系，将语言文字工作督导评估与其他重点工作紧密结合，共同部署，共同推动。一是与推普脱贫攻坚相结合。将推普脱贫攻坚作为评估内容、纳入指标体系，对基层政府落实推普脱贫攻坚行动发挥了重要的推动作用；同时，通过推普脱贫攻坚行动的县域普通话普及状况调查，为督导评估提供准确数据，提升了督导评估的针对性、科学性。二是与推普周活动相结合。通过推普周开展语言文字方针政策和法律法规集中宣传,引导社会各界重视和支持语言文字工作,提升全社会语言文字规范意识,既落实了督导指标要求,又为督导评估营造了浓厚的社会氛围。三是与学校语言文字达标建设相结合。通过学校语言文字达标建设,培养学生"一种能力两种意识",充分发挥学校在推广普及、规范使用国家通用语言文字中的榜样作用、阵地作用和辐射作用,为督导评估奠定良好基础。

(撰稿人:王淑芬、尚玲晓;审稿人:王为民)

上海实施学生阅读行动

开展阅读活动对提高国民思想道德素质和科学文化素质具有重要意义。2017年以来，上海市语委将"促进学生阅读"作为推广普及国家通用语言文字、提升学生语文素质的有力抓手，在全民阅读总框架下，依托文教结合机制，深入实施学生阅读专项行动，推动语言文字工作创新发展。主要采取了5项措施。

创建书香校园。通过评定命名"书香校园"，推动基层学校重视和加强师生阅读的制度建设和内涵发展，提升教师专业品质，深化学校课程建设和校园文化建设，营造社会读书风尚。2017年以来，上海市语委组织研制了涵盖阅读制度、阅读环境、阅读课程、阅读活动、图书资源等各方面的《上海市书香校园创建验收标准》；在全市遴选101所中小学幼儿园作为"书香校园"培育基地，指导各基地开展创建工作，根据标准进行验收，先后命名了29所"上海市书香校园基地学校"。同时，通过优秀阅读案例征集、书香校园现场交流推进会、阅读推广论坛与教学展示等多种方式，深入挖掘推广优秀学校、教师开展读书活动的先进做法、典型经验，汇编出版《上海市书香校园建设经验选》，有效提升了书香校园建设的辐射引领作用。

组建阅读联盟。2017年4月成立"上海学生阅读联盟"。联盟由相关出版社、图书馆、基层学校、校外教育机构等20家成员单位组成，深度融合"教育+出版"，通过上海市语委办统筹协调，各单位发挥各自优势，有效实现资源整合、合力育人的目标。联盟的主要职责是推荐、供给优秀图书资源，组织开展学生阅读活动。联盟组建了由知名作家等组成的专家委员会，为学生读书荐书提供专业指导。

提升教师阅读素养。举办阅读指导教师骨干培训班，开展教师荐书活动，组织优秀教师阅读指导交流分享、示范课展示活动等，提升一线教师的阅读素养和阅读指导能力。

打造阅读品牌。通过文教结合大平台，着力打造"青衿书苑读书会""陈伯吹国际儿童文学经典作品诵读"等品牌活动,调动学生的阅读兴趣,营造书香氛围。以"悦读阅美·书香伴成长"为主题,开展青少年阅读推广展示主题活动,组织名家名师开展传统文化讲座、阅读方法指导分享等阅读推广活动。

加强学生阅读研究。先后对全市中小学教师和学生的阅读动机、阅读内容、阅读习惯、阅读方法,以及学校、社会和家庭的阅读环境等,进行了大规模问卷调查;根据调查结果,针对"没时间阅读""不知道读什么书好""如何进行阅读指导""如何建设有别于语文课的阅读课程""如何开展学科阅读""如何评价学生阅读素养""如何构建学生阅读评价指标体系"等问题进行了深入的研究与探讨。

(撰稿人:凌晓凤、马晓华;审稿人:贾　炜)

江西推动高校语言文字工作体制改革

党的十八大以来,江西省教育厅、语委针对省内高校语言文字工作职能部门不统一的问题,大力推进高校语言文字工作管理体制机制改革,取得积极成效。

调研发现,省内高校语言文字工作归口管理部门有10余个之多,导致管理不统一、责任不明确、运行不顺畅等一系列问题,严重影响了语言文字工作各项任务要求的贯彻落实,阻碍了事业发展。经研究论证,决定将省内高校语言文字工作职能部门统一归口至教务部门,充分发挥教务部门的综合管理职能,提升高校语言文字工作的治理能力与治理水平。

针对改革推进过程中遇到的不思改变、不愿接手、不肯移交等情况,省教育厅和省语委采取分类指导、统筹推进的方式,坚持实事求是,敢于较真碰硬,做到一抓到底。先后印发《关于进一步完善高等院校语言文字工作体制机制的通知》《江西省普通话培训测试站标准化建设暂行规定》《关于印发〈江西省学校语言文字工作规范化建设实施意见〉的通知》等一系列文件,不断强调改革要求,深入推进高校语言文字工作达标考核,进一步明确目标责任,强化责任落实。对于已经完成工作的高校,要求报送相关材料进行备案;对于未完成或未完善的高校,要求落实筹备方案并报送工作计划;对于个别工作相对滞后的高校,主动与高校领导沟通协调,通过高位推动切实抓好贯彻落实。

经过不懈努力,省内各高校普遍建立了"校语委宏观指导,语委办(教务部门)组织管理,各成员单位齐抓共管"的工作机制,语言文字工作机构、人员、场地、经费落实更加有效,规章制度更加科学完善。在科学有效治理体制的推动下,各高校不断激发工作活力,发挥知识高地、人才高地、资源高地的优势,为全省语言文字事业发展做出重要贡献。40余所高校开展推普脱贫攻坚专项社会实践活动,4所高校经国家语委评审成功入选首批国家语言文字推广基地。江西师范大学等高校多次获得国家语委科研规划重点项目立项,赣南师范大学、景德镇陶瓷大学、井冈山大学连续3年先后获得教育部专项课题立项。在全省普通话培训测试站标准化建设中，各高校累计投入建设经费近3千万元，高校年均测试人数从不足10万人次提高到超过20万人次。在中国语言资源保护工程一期项目中，各高校为全省72个科研项目顺利通过国家验收并圆满收官发挥重要作用。在2019年中华经典诵写讲大赛中，获得经典诵读类竞赛教师组和大学生组5个全国一等奖。

（撰稿人：张　婵、杨　溢；审稿人：刘菊娇）

浙江注重四个"结合"抓实语保工程

浙江是语保工程全国第一批4个试点省份之一。2015年工程启动以来，浙江省教育厅、语委坚持"政府主导、专家实施、社会参与"，克服调查点数多、任务重等困难，早谋划、重部署，严要求、重质量，抓建设、重发展，强队伍、重保障，注重4个"结合"，"抓"好4个环节，共完成88个汉语方言调查点和5个濒危方言调查点的调查工作，省级媒体新闻报道300多次，成效明显，经验突出。

注重谋长远与谋当下相结合抓部署。一是超前谋划。在工程启动前及时制定浙江省项目整体规划，同时在每年11月份预验收时，就基本确定下一年度的调查方案。二是找准定位。在调查点选取和分布上，采取地方和专家分别申报方式，既调动地方积极性和专家主动性，又保证年度设点的精准性。三是合理安排。充分考虑本省专家团队的专业水平和能力，结合不同调查点实际和需要，进行合理分工。

注重典型引领与检查督促相结合抓质量。一是突出"以点带面"的引领作用，以浙江师范大学中国方言研究院为引领，杭州师范大学等9所院校调查团队共同参与。二是突出"抓两头带中间"的推进作用，注重抓年初的"启动"和年末的"验收"两头，中间则通过"推磨互检""中检""巡查"等方式来加强对质量的监管。

注重开花与结果相结合抓发展。遵照"边保护边开发"的原则，2016年就开始谋划成果出版，2017年商定出版方案。目前，2016年16个方言调查点的首辑16卷《浙江省方言资源典藏》已出版。《浙江省语言资源集》分省综合本，已按要求确定出版时间表，拟于2020年底完成。委托清华大学承建的"浙江省方言资源多媒体数据库"已初步建成。

注重保经费与强队伍相结合抓保障。在经费保障上，除中央资金外，每年争取省财政专项100万元作为配套经费，用以支持省自筹点调查、自选乡音拍摄和浙江语言资源数据库建设。2019、2020年省财政分别配套262万、180

万,用于《浙江方言资源典藏》丛书、《中国语言资源集·浙江》的编写出版等工作。此外,每年召开各调查点所在县市教育局和语委部门参加的启动会,确保在招募发音人、提供摄录场所等方面的保障支持。在专家队伍保障方面,工程启动以来,组织协调了省内9所高校和北京语言大学、山东大学等高校的27个调查团队,行政、教育、文化、出版等部门100多位专家、学者、文化人士,以及550名方言和口头文化发音人,400余名大学生语保志愿者参与工程建设。各调查点地方政府参与协助语保工作的干部达200多人。在队伍建设上,注重"以老带新""以强带弱",以提升团队整体质量,同时对参加调查团队的专家在课时安排、课题认定、工作量安排等方面予以保障,提高专家参与调查的积极性。

(撰稿人:朱鸿飞、葛其恒;审稿人:丁天乐)

北京建设冬奥会语言服务环境

为营造良好的语言环境，服务、迎接2022年北京冬奥会，2017年以来，北京市语委围绕"助力冬奥，创设语言服务环境"开展一系列工作，取得显著成效。

出版"一书两刊"面向中外读者普及冬奥知识。"一书"是北京市民冬奥文化培训读本《冬奥会：体育·语言·文化》，"两刊"分别为《英语世界·冬奥特刊》和《汉语世界·冬奥特刊》，围绕"冬奥文化"和"语言服务"主题，用中英文介绍冬奥会历史、项目、场馆等知识，先后于2017年12月和2018年1月出版。依托"一书两刊"内容，借助"北京市民文化大讲堂"项目①，开展系列赠书活动和冬奥知识普及宣讲活动。向市第二届青少年陆地冰壶邀请赛所有选手、全市10多家冰场、民革东城区委党员培训活动等赠书，先后在东城区一六五中学召开"北京语言文化大讲堂——冬奥知识普及宣讲教师座谈会"，在海淀区九一小学、北京小学通州分校等举办冬奥知识宣讲。

加强冬奥会语言服务调查研究。与北京冬奥组委语言服务处组成联合调研组赴北京延庆和河北张家口，就两地举办冬奥会和冬残奥会的语言服务需求、语言人才储备、语言环境建设等问题进行调研。在首都师范大学中国语言产业研究院主办的《语言产业研究》（2019年卷）杂志上设"北京2022年冬奥会语言服务研究"专栏，刊出系列研究论文。

规范语言文字社会应用。启动"首都师生迎冬奥 规范文字啄木鸟"行动，招募师生志愿者，调查监测全市公共场所和公共服务领域的中外文使用规范情况，协调推动相关单位对志愿者发现的不规范现象进行整改，计划通过两年时间不断优化全市的语言文字环境，迎接冬奥会召开。

---

① "市民语言文化大讲堂"是北京市教委、语委根据《北京市语言文字事业"十三五"发展规划》组织实施，由北京语言文字工作协会具体承办，主要通过讲座课程向市民普及语言文化知识的教育公共服务项目，旨在深入推进全民阅读、加强学习型城市建设、传承弘扬中华优秀传统文化。

开展冬奥语言文化宣传普及活动。组织 65 所学校开展"冬奥语言服务小使者"活动,通过演讲比赛、书写展示等方式,促进中小学生加深对冬奥会历史发展、比赛项目等知识的了解。启动"北京市百万学生'冬奥'寄语——书写明信片"活动,在推广普及冬奥知识的同时,渗透语言文字规范化宣传教育,展现全市广大中小学生对 2022 年北京冬奥会的良好祝愿,促进中小学生掌握中文信函格式、书写规范汉字。

(撰稿人:王　栋、邓　鸿;审稿人:王定东)

江苏开展旅游景区外文译写规范调研

为推动《公共服务领域英文译写规范》(GB/T 30240 系列,以下简称《规范》)的贯彻实施,规范全省旅游景区外文译写,促进全省旅游景区高质量发展,充分展示江苏文化和旅游强省的良好国际形象,2019 年江苏省语委联合省文化和旅游厅,委托南京大学外语规范与应用研究中心,对全省 23 家 5A 级旅游景区的外文译写规范工作进行了调研,对景区导览等英文译写情况进行了监督检查和专业指导。

南京大学外语规范与应用研究中心组建了 23 个由来自南京大学、南京理工大学、苏州大学、江南大学、扬州大学等 14 所高校的 100 余名相关专业师生组成的调研课题组,在各景区所在地语言文字工作部门的组织下,于 7—11 月进行实地调研。调研内容包括景区导览标识牌、景点景物介绍牌、景区景点宣传册等。调研组以《规范》为参照标准、结合专家意见,对发现的问题逐一进行梳理和分析,就相关疑难问题进行讨论,给出外文译写修改意见和建议,形成总调研报告 1 份、分景区调研报告 23 份。

调研结果显示,各景区的英文译写基本规范,总体较好;但在信息传递、语言表达、体例规范等方面也存在一些问题与不足。一是公共标识英文译写未采用《规范》译法的现象较普遍;二是信息传递不准确,存在译名不统一、漏译、错译、机械性直译等情况;三是英文表达不地道,在单复数、时态等表达上出现语法错误;四是体例格式不规范,存在单词拼写等错误。省语委和省文化厅及时将调研报告及相关意见反馈至景区,并督促各景区对照意见反馈结果进行再排查与整改。

此次调研覆盖全省所有 5A 级旅游景区,涉及 12 个设区市,调研范围广、针对性强、全面细致。调研发现了各景区在外文译写方面存在的问题,为景点提供了切实可行的整改意见和建议,也为语言文字及文化旅游等政府部门了解整体情况、做好监督管理等相关工作提供了依据,为在其他公共服务领域开展外文译写规范工作起到了示范作用。

(撰稿人:沈晓冬;审稿人:曹玉梅)

广东深化语言研究服务区域与国家发展

党的十八大以来,广东省教育厅、语委充分依托省内高校语言研究力量深化语言研究,服务区域语言生活和国家语言战略,取得显著成效。

立足本地语情,服务区域语言生活。加强国家通用语言文字推广普及研究,组织高校语言学专家参与一类、二类城市语言文字工作评估和三类城市普通话普及攻坚,不断提升全省普通话普及率。加强方言资源保护传承研究,实施"语保工程",完成72个方言调查点调查采录,启动编写《语言资源集·广东》。加强海外华语研究,建设国家语委海外华语研究中心(暨南大学),搜集整理海外华语资源,研发华文水平测试,助力海外华文教育。开展城市语言生活状况调查,依托广州大学语言研究团队编制国内第二部反映国家中心城市语言生活状况的绿皮书《广州语言生活状况报告》,列入国家语委语言生活皮书系列,2018年起隔年定期出版发布。

依托地域优势,服务国家发展战略。响应国家"一带一路"倡议,推动各高校在学术研究、人才培养和资源建设等方面为"一带一路"提供语言支持。中山大学研制"国际职业汉语培训及评估标准体系",为"一带一路"沿线国家中资企业提供本土化运营的语言解决方案;广东外语外贸大学积极增设"一带一路"沿线非通用语种专业,培养语言人才。服务粤港澳大湾区建设,推动广州大学等开展大湾区语言生活与语言规划研究,组织研制《粤港澳大湾区语言生活状况报告》,参与2019年第三届中国北京语言文化国际博览会,设立专题展区展现大湾区语言文化风采。

聚焦语言服务,形成研究特色。重视语言文字工作的服务指向,推动相关高校发挥学术优势,深化语言服务研究。广州大学成立"语言服务研究中心",构筑国内语言服务研究理论高地,培养语言服务专门人才;编制国内首部专题性语言生活皮书《中国语言服务发展报告》,内容涵盖公共语言服务、语言教学服务、语言文化资源传承传播服务、语言技术服务、语言翻译服务等各个方面，列入国家语委语言生活皮书系列，2020年起隔年定期出版发布。广东外语外贸大学成立"外语研究与语言服务协同创新中心"，聚焦语言翻译、语言技术、语言治疗、语言教育等相关领域的前沿问题，开展超学科协作研究，转化创新性研究成果，致力建成国际语言服务产学研一体化创新体系。

（撰稿人：王海兰、林浩敏；审稿人：那佳）

河北推进京津冀语言文字工作协同发展

为落实国家京津冀协同发展战略，促进京津冀三地人文交流，提升京津冀区域语言文字竞争力、创新力，河北省、北京市和天津市语委于2015年在张家口签订《京津冀语言文字事业协同发展战略协议书》。近年来，河北省教育厅、省语委大力推进协议落实，取得重要进展。

完善京津冀协同机制。定期发起主办三地语言文字事业协同发展研讨会、协商会、工作会，推动三地签订涉及具体工作事项的合作协议，促进三地在语言文字基地建设、语言文化活动组织等方面逐步形成制度化深度合作。

建设京津冀语言文字推广基地。一是京津冀书法教育基地（山海关），以书法文化传承传播为特色，主要开展中小学书法教育、教师书画艺术培训、书法艺术交流鉴赏、书法艺术研究、书法艺术国际交流等活动。二是京津冀语言传播教育基地（沧州），以国家通用语言文字教育培训、应用研究、合作交流等为重点，主要开展语言文字规范使用培训、中华经典教育传承及创新传播等工作。2019年，经教育部、国家语委评审，上述两个基地都被认定为首批国家语言文字推广基地。

开展京津冀语言文字调研。2015年以来，先后开展了3项调研。一是长城文化带调研，主要调查河北省境内长城一线的历史文化和语言文字使用现状，形成《京津冀语言文字工作调研——长城文化带调研报告》并于2017年12月出版。二是运河文化带调研，在文字学、方言学、历史学、艺术学、经济学等视角下，以廊坊市、沧州市、衡水市等为调研区域，对河北省境内运河两岸的语言文字历史、表现形式及其对社会发展的作用等进行调研，形成《京津冀语言文字工作调研——运河文化带调研报告》并于2019年6月出版。三是太行山文化带调研，以邯郸、邢台、石家庄、保定、张家口等太行山脉周边各市（县、区）为调研点，对革命文化、方言分布、历史文字、文学艺术、语言服务等进行调研，特别针对冬奥会筹办工作，对张家口市语言服务、志愿者语言培训、语言环境优化、地方语言文化传播等提出建设性意见，2019年初启动，11月基本完成。

组织京津冀语言文化活动。2015年以来，联合北京市、天津市语委，连续举办5届"京津冀中小学生辩论赛"，先后举办2届"京津冀高校留学生汉语辩论赛"、2届"京津冀理工类高校魅力汉语大会"、3届"京津冀师生规范汉字书写作品展览"、2届"京津冀中学生汉字听写大会"。此外，还开展了"京津冀书法名家进校园滦平活动""老少共圆中国梦——京津冀成语文化龙门阵邀请赛"等活动。

（撰稿人：单　娟、刘宏宇；审稿人：韩爱丽）

重庆加强语言文字科研工作

2019年，重庆市语委、市教委立足大语言文字工作格局，坚持把握新形势新任务新要求，从服务国家重大战略迫切需要、服务重庆经济社会发展迫切需要、服务高校"双一流"建设迫切需要的新目标新任务出发，持续加大语言文字科研工作力度，深入开展科学研究和论证，创新开展语言文字科研工作并取得实效，为保障经济社会快速发展、提升重庆城市文化品质、传承优秀语言文化，深入推进语言文字规范化标准化信息化建设，因地制宜开展普通话推广、培训、测试以及方言保护等工作提供坚实保障。

完善科研管理机制。印发《重庆市语言文字科研项目管理办法》，进一步规范和加强科研管理，明确职责任务。着力构建以市语委办为行政主导、教科院高教所具体实施、各高校共同参与的"1+1+N"科研管理体制和机制，积极融入高校"双一流"建设，推动高校将语言文字科研工作纳入学科建设中统筹推进，为重庆高等教育高质量发展提供重要支撑。抓好人才队伍建设，依托国家语委科研专家库和重庆市高校人才资源，建立重庆语言文字科研专家库。

扎实开展科学研究。根据"立足重庆，对标国家，放眼国际"的工作思路，组织专家研制《2020年度重庆市语言文字科研项目申报选题指南》，涵盖语言文字基础理论、决策咨询、信息技术、规范标准、教育教学、资源保护、国际传播等7大研究方向。在关注国家重大发展战略、新时代语言文字改革发展的同时，立足重庆实际，重点研究重庆城镇化进程中的语言文字应用新问题新需求、少数民族区域推普脱贫效应、学前和基础教育阶段语言教育等。

促进成果转化。强化科研成果转化意识，拓展转化渠道，充分发挥成果效益。举办重庆市首届语言文字论文评选活动，将论文评选与国家语言文字事业改革发展、地方经济社会发展紧密结合，充分调动教育和语言文字专家学者、一线工作人员的积极性。活动评选出89篇获奖论文，内容包括"一带一路"战略、推普脱贫、语言教育、教学教材、文化传承、方言保护等方面，有效提升了教育和语言文字工作的科学性、实效性。

（撰稿人：夏　蒂、贾宇涵；审稿人：郭小萍）

第四部分

年度统计

语言文字法律法规与规章*

截至 2019 年底,我国现行有效的语言文字法律、法规、规章和单行条例共 83 部,其中,法律 1 部,部门规章 6 部,地方性法规 31 部,地方政府规章 22 部,单行条例 23 部。2019 年无新增。

截至 2019 年底,我国现行有效的包含语言文字条款的法律、法规、规章和单行条例约 1900 部,其中,法律 35 部,行政法规 36 部,部门规章 304 部,地方性法规、地方政府规章、自治条例和单行条例 1500 余部。2019 年新增 1 部法律和 15 部部门规章[①],1 部法律是本年度修订公布的《中华人民共和国药品管理法》,15 部部门规章具体如下:

2018 年公布、2019 年实施的 6 部。分别为:国家发展和改革委员会 2018 年 12 月 10 日公布、2019 年 1 月 10 日起施行的《政府制定价格听证办法》;交通运输部 2018 年 8 月 31 日公布、2019 年 1 月 1 日起施行的《铁路工程建设项目招标投标管理办法》和《民用航空器飞行机械员合格审定规则》;自然资源部 2018 年 12 月 27 日公布、2019 年 1 月 1 日起施行的《自然资源部立法工作程序规定》和《自然资源规范性文件管理规定》;国家市场监督管理总局 2018 年 12 月 21 日公布、2019 年 4 月 1 日起施行的《市场监督管理行政处罚程序暂行规定》。

2019 年公布并实施的 9 部。分别为:国家卫生健康委员会 3 月 6 日公布、4 月 10 日起施行的《医疗机构投诉管理办法》;中国人民银行、国家发展和改革委员会、财政部、中国证券监督管理委员会 11 月 26 日公布、12 月 26 日起施行的《信用评级业管理暂行办法》;国家市场监督管理总局 4 月 23 日公布、6 月 1 日起施行的《国家市场监督管理总局规章制定程序规定》;国家广播电视

---

* 本部分数据通过对"北大法宝——中国法律检索系统"(http://www.pkulaw.cn)中的相关数据分析统计后得出。

① 指本年度新实施的相关法律法规。法律法规系修改并重新公布,其中语言文字条款内容有变化的列入统计范围,没有变化的不列入。根据实施年度包括两种情况:以往公布、本年度实施的;本年度公布并实施的。本年度公布、下一年度实施的,在下一年度统计。

总局 3 月 29 日公布、4 月 30 日起施行的《未成年人节目管理规定》；中国银行保险监督管理委员会 10 月 31 日公布、12 月 1 日起施行的《健康保险管理办法》和 12 月 26 日公布并开始施行的《中国银保监会外资银行行政许可事项实施办法》；中国证券监督管理委员会 3 月 1 日公布并开始施行的《科创板首次公开发行股票注册管理办法（试行）》，7 月 25 日公布并开始施行的《境外证券期货交易所驻华代表机构管理办法》，以及 12 月 20 日公布并开始施行的《非上市公众公司信息披露管理办法》。

（数据整理：李　强）

语言文字规范标准

2019 年,国家市场监督管理总局、国家标准化管理委员会发布语言文字国家标准 5 种,修订发布语言文字国家标准 9 种[①]。具体见表 4-1:

表 4-1　2019 年新发布和修订发布的语言文字国家标准

序号	发布状况	标准号	标准名称
1	新发布	GB/T 37975—2019	汉语言文化学习资源分类
2	新发布	GB/T 37998—2019	汉语言文化学习资源应用评价
3	新发布	GB/T 17693.10—2019	外语地名汉字译写导则 第 10 部分:日语
4	新发布	GB/T 17693.11—2019	外语地名汉字译写导则 第 11 部分:朝鲜语
5	新发布	GB/T 17693.12—2019	外语地名汉字译写导则 第 12 部分:老挝语
6	修订发布	GB/T 19966—2019	信息技术 通用编码字符集(基本多文种平面)汉字 15×16 点阵字型
7	修订发布	GB/T 19967.1—2019	信息技术 通用编码字符集(基本多文种平面)汉字 24 点阵字型 第一部分:宋体
8	修订发布	GB/T 19967.2—2019	信息技术 通用编码字符集(基本多文种平面)汉字 24 点阵字型 第二部分:黑体
9	修订发布	GB/T 19968.1—2019	信息技术 通用编码字符集(基本多文种平面)汉字 48 点阵字型 第一部分:宋体
10	修订发布	GB/T 25899.1—2019	信息技术 通用编码字符集(基本多文种平面)汉字 32 点阵字型 第一部分:宋体
11	修订发布	GB/T 25899.2—2019	信息技术 通用编码字符集(基本多文种平面)汉字 32 点阵字型 第二部分:黑体
12	修订发布	GB/T 30878—2019	信息技术 通用编码字符集(基本多文种平面)汉字 17×18 点阵字型
13	修订发布	GB/T 30879.1—2019	信息技术 通用编码字符集(基本多文种平面)汉字 22 点阵字型 第一部分:宋体
14	修订发布	GB/T 30879.2—2019	信息技术 通用编码字符集(基本多文种平面)汉字 22 点阵字型 第二部分:黑体

---

① 本部分数据通过对中国标准化研究院"中国标准服务网"(http://www.cssn.net.cn)公开的相关数据分析统计后得出。

第四部分 年度统计

2019年，国家语委发布语言文字规范2种，分别为：《汉语手指字母方案》（GF0021—2019）和《中华通韵》（GF0022—2019）；出版绿皮书软规范1种，为《义务教育常用词表（草案）》。

（数据整理：饶高琦、徐欣路）

国家通用语言文字水平测试

一 境内普通话水平测试

2019年，境内共有924.64万人次参加普通话水平测试，比上年增加132.71万人次，增幅16.76%。参测人员中，公务员89 426人次，占0.97%；教师700 974人次，占7.58%；学生7 174 411人次，占77.59%；媒体人员3711人次，占0.04%；社会人员1 277 898人次，占13.82%。河北、江苏、山东、河南、湖南、四川6省的参测人次超过50万；28个省（区、市）参测人次比上年增长，其中河南、广东、四川和新疆增长超过10万人次。

参测人员中，获得普通话水平测试等级证书的7 931 670人次，不入级的89 821人次。获得普通话水平测试等级证书的人员中，一级水平占1.40%，二级甲等水平占34.40%，二级乙等水平占47.84%，三级甲等水平占14.98%，三级乙等水平占1.38%。超过97%的考生成绩集中分布在二级甲等、二级乙等和三级甲等。与上年相比，一级、二级水平所占比例略有降低，三级水平所占比例略有增加。

截至2019年底，境内参加普通话水平测试的人次累计达8829.23万。

二 港澳普通话水平测试

2019年，香港和澳门共有5887人次参加普通话水平测试。其中，香港5464人次[①]，澳门423人次。参测人员中，学生占65.1%，教育从业人员占7.9%，文职人员占6.7%，服务行业人员占2.2%，技术人员占1.3%，公务员占0.5%，其他人员占16.3%。参测人员中，一级乙等水平占6.83%，二级甲等水平占17.46%，二级乙等水平占29.28%，三级甲等水平占31.89%，三级乙等水

---

① 含在北京参加测试人数。

平占 12.23%，不入级占 2.31%。

截至 2019 年底，香港和澳门参加普通话水平测试的人次累计超过 13 万。

三　汉字应用水平测试

2019 年，全国共有 37 894 人次参加汉字应用水平测试，比上年增加 7683 人次，增幅 25.43%。参测人员来自 4 个省市，其中，上海 13 389 人，重庆 3659 人，湖南 20 359 人，云南 487 人。参测人员中，一级水平占 2.7%，二级水平占 49.1%，三级水平占 40.9%，不入级占 7.3%。

截至 2019 年底，全国参加汉字应用水平测试的人次累计达 30 万。

四　少数民族汉语水平考试

2019 年，共有 393 317 人次参加少数民族汉语水平等级考试。考生来自 10 多个少数民族，其中：蒙古族 24 155 人，占 6.14%；藏族 26 868 人，占 6.83%；维吾尔族 289 890 人，占 73.70%；哈萨克族 37 141 人，占 9.44%；朝鲜族 2772 人，占 0.71%；彝族 845 人，占 0.22%；壮族 199 人，占 0.05%；其他少数民族 11 447 人，占 2.91%。

报考等级以三级为主，共 294 607 人参加，占 74.9%。另外，参加二级考试 10 974 人，占 2.75%；四级考试 87 916 人，占 22.35%。

共 180 289 人在考试中获得证书，其中：获二级证书 5109 人，占 2.83%；获三级证书 129 528 人，占 71.85%；获四级证书 45 652 人，占 25.32%。

截至 2019 年底，全国参加少数民族汉语水平等级考试的人次累计达 281.89 万。

（数据供稿单位：教育部语用所、教育部考试中心）

（语用所撰稿人：孟　晖、苏　恒、王　磊、韩玉华、齐　影、富　丽、陈　菲；审稿人：刘朋建、容　宏）

（考试中心撰稿人：邱静远；审稿人：李光明）

国际中文教育

一 孔子学院与孔子课堂

2019年,孔子学院总部在全球新设27所孔子学院和66个孔子课堂。其中,在"一带一路"沿线3个国家新建孔子学院11所、孔子课堂22个。在海地、中非、乍得、朝鲜、马尔代夫、东帝汶、多米尼克、沙特阿拉伯等8个国家首次设立孔子学院或孔子课堂。

截至2019年底,孔子学院总部共在162国建立550所孔子学院、1172个孔子课堂。其中,在"一带一路"沿线共56国建立167所孔子学院和172个孔子课堂,分别占总量的30%和15%;在与我国签约共建"一带一路"的136国中设立283所孔子学院、326个孔子课堂,分别占总量的51%和28%。此外,建立学术、中医、职业培训等特色孔子学院80多所,示范孔子学院31国48所。具体见表4-2:

表4-2 全球孔子学院和孔子课堂分布情况(截至2019年底)

所在大洲	分布国家(地区)数	孔子学院数	孔子课堂数
亚洲	39	137	115
非洲	46	62	48
欧洲	43	187	348
美洲	27	144	560
大洋洲	7	20	101
总计	162	550	1172

二 汉语水平考试

2019年,全球共有750万人参加各类汉语考试[①]。全年新增考点88个,其

[①] 从1990年起,经过近30年的不断完善,孔子学院总部逐渐建立了以汉语水平考试(HSK)为龙头,包括汉语水平口语考试(HSKK)、商务汉语考试(BCT)、中小学生汉语考试(YCT)、医学汉语水平考试(MCT)和国际汉语教师证书考试(CTCSOL)等在内的考试与服务体系。

中海外 62 个、国内 26 个;新增国家 12 个,包括萨摩亚、安哥拉、几内亚、加蓬、巴拿马、多米尼加、格林纳达、海地、巴勒斯坦、塞浦路斯、沙特阿拉伯、也门。

截至 2019 年底,孔子学院总部共在全球 149 个国家(地区)设立汉语水平考试点 1208 个,其中中国大陆 367 个、海外 841 个;在 19 个国家设立《国际汉语教师证书》考试考点 54 个。海外考点中,孔子学院、独立孔子课堂考点 540 个。全球考点中,提供网考服务的考点 483 个,网考覆盖 40%。

三 教师、教材与教学资源建设

2019 年,孔子学院总部优选派出中方院长、教师和志愿者 1 万人,培训中外师资 4.8 万人次,中方专职教师队伍总数达 400 人,19 所高校录取汉语国际教育方向教育博士专业学位研究生 59 人,1.3 万名中外教师获得《国际汉语教师证书》,支持 50 多国孔子学院聘用本土教师 300 多人,支持 12 国 17 所大学设立汉语师范专业,资助设立 31 个教席,招收 126 国 4586 名孔子学院奖学金生。向 89 国赠售教材 15 万册,教材编写平台、数字图书馆用户达 21.2 万人,各国孔子学院编写教材达 3064 册。大力推广沉浸式汉语教学模式,制定完善数字孔子学院建设标准,网络孔子学院浏览用户达 1000 万人,开发慕课、微课等在线课程达 108 门、4561 节。全球孔子学院和孔子课堂全年开设 10 万个汉语班次,面授学员 181 万人。全年评估督导 46 国 109 所孔子学院,分别召开中亚、阿拉伯、非洲以及日本、德国、波兰等地区和国家孔子学院联席会议 15 场。研究制定《国际汉语水平等级标准》《孔子学院办学标准》《孔子学院办学质量评价指标体系》,修订完善《国际汉语教师标准》等。

四 学术研究

2019 年,孔子学院总部依托"孔子新汉学计划"招收 37 国 86 名博士生,支持 47 国 228 名青年精英、知名学者来华研修和学术交流,支持中国学者赴澳大利亚等 5 国开展专业学分课教学,支持《红楼梦》《诗经》等经典作品外译,与多国出版社达成 50 多个图书出版意向。开展 2018 年度孔子学院建设和汉语国际教育课题评审,资助 27 个研究课题,截至 2019 年底,已发表专著、论文、

调研报告等中期成果108项。《国家社科基金项目2019年课题指南》首次将汉语国际教育和孔子学院研究纳入语言学类课题,并对外发布。举办第十二届全美中文大会、第二届中国印度语言教育交流合作研讨会等高端学术会议,各国孔子学院组织各类学术讲座和会议7500多场,受众68万人。

五 文化交流

2019年,孔子学院总部深入实施"了解中国工程",选派13个高校中方团组赴23国85所孔子学院开展巡演217场,受众20万人,派遣长江学者赴英法等5国巡讲,举办"中国建筑遗产展"等巡展活动,支持8国15所孔子学院作为"文化试点孔子学院",组织全球110个国家360多所孔子学院举办"孔子学院日",受众100万人,以"语通中文,心联世界"为主题举办总部开放日。全年举办4.6万场各类文化活动,受众1200万人。接待1.4万名各国师生和教育官员等访华,组织126个国家10万多名青少年参加"汉语桥"第十八届世界大学生、第十二届世界中学生中文比赛,试点"汉语桥俱乐部"全球挂牌落地本土运营,扩大"汉语桥"品牌国际影响力和美誉度,实施"汉语桥"孔子学院学员实习项目,推动就业和职业交流。

六 中文国际地位和影响力

截至2019年底,全球已有60多个国家将中文纳入国民教育体系,4000多所大学设立中文院系专业或开设中文课程,3万多所中小学开设中文课程,4.5万所华文学校、培训机构面向社会开展中文教育。全球共有8万多所各级各类学校开展中文教育,学生人数超过2500万,除中国外各国学习和使用中文人数约1.1亿。

(数据供稿单位:孔子学院总部)

(撰稿人:王 甬、孟 源、文 琼;审稿人:赵国成)

语言文字人才培养与科学研究

一 高等院校新增语言类本科专业

2019年，全国71所高校新增"备案"语言文学类本科专业88个，涉及31个专业名称；13所高校撤销语言文学类本科专业16个[①]。

新增"语言学"专业的高校2所，新增"汉语言"专业的高校1所，新增"汉语国际教育"专业的高校5所，新增"汉语言文学"专业的高校7所。

新增外语专业73所，包括：商务英语10所，英语、日语各7所，西班牙语6所，泰语5所，俄语、德语、葡萄牙语各4所，马来语、翻译各3所，法语、蒙古语各2所，朝鲜语、阿拉伯语、罗马尼亚语、老挝语、克罗地亚语、缅甸语、孟加拉语、僧伽罗语、塞尔维亚语、斯瓦希里语、乌克兰语、乌尔都语、土耳其语、意大利语、匈牙利语、希伯来语各1所。

二 高等院校语言类专业学位授予

2019年，全国各学位授予单位2018—2019学年度共授予"中国语言文学"一级学科[②]学士学位12.9万人，硕士学位8948人，博士学位1298人；"汉语国际教育"硕士学位4724人。上述学位授予人数共约14.4万人。

全国各学位授予单位2018—2019学年度共授予"外国语言文学"一级学科学士学位21.2万人，硕士学位7407人，博士学位530人。上述学位授予人数共约22万人。

---

① 本部分数据根据《教育部关于公布2019年度普通高等学校本科专业备案和审批结果的通知》（教高函〔2020〕2号）分析统计后得出。

② 包括"中国少数民族语言文学"专业。

三 国家语委科研规划课题

2019年,国家语委科研规划共立项93项,其中,重大项目4项,重点项目33项,一般项目32项,委托项目17项,后期资助项目7项。具体见表4-3。

表4-3 国家语委"十三五"科研规划2019年度立项名录

序号	项目性质	项目编号	项目名称
1	重大	ZDA135-9	中国语言扶贫的经验成效及相关理论问题研究
2		ZDA135-10	中国语言扶贫的经验成效及相关理论问题研究
3		ZDA135-11	"一带一路"建设中语言服务的现状、评价及对策研究
4		ZDA135-12	面向海上丝绸之路的多语言资源库及共享平台建设
5	重点	ZDI135-82	新时代国家语言应急能力建设研究
6		ZDI135-83	中国优秀传统文化教育的目标、内容及实施策略研究
7		ZDI135-84	汉字文化圈主要国家(地区)中小学母语教育教学资源建设状况调查与研究
8		ZDI135-85	新疆中小学教师国家通用语言文字培训与教学
9		ZDI135-86	新疆中小学教师国家通用语言文字培训与教学
10		ZDI135-87	基于大数据的贫困家庭语言能力状况研究
11		ZDI135-88	汉字阐释的理论构建与汉字文化的普及
12		ZDI135-89	现代汉语基本词汇百年演变研究(1919—2019)
13		ZDI135-90	规范型权威字典与新中国语言文字规范化
14		ZDI135-91	融媒体时代词典编纂出版的创新发展研究
15		ZDI135-92	地方志体系中的语言志编撰现状、理论与规范研究
16		ZDI135-93	网络媒体语言规范研究
17		ZDI135-94	新时代我国语言传播与语言出版的优化策略研究
18		ZDI135-95	两岸语言文化交流实践与理论研究
19		ZDI135-96	基于网络空间大数据的跨媒体多语种舆情信息技术研究
20		ZDI135-97	名词语义特征的挖掘及其在不同类型词典中的凸显研究
21		ZDI135-98	多民族语言文本敏感信息监测与预警技术
22		ZDI135-99	网络新闻的十年用字用语演化研究
23		ZDI135-100	新时代城市语言文明建设研究

(续表)

序号	项目性质	项目编号	项目名称
24		ZDI135-101	面向散文体裁的篇章理解关键技术研究与模型验证
25		ZDI135-102	汉字书法的文化传承传播意义与书法精品字库建设研究
26		ZDI135-103	电脑书法字库的范本选择与字形处理研究
27		ZDI135-104	中华精品书法字库字形规范研究
28		ZDI135-105	外向型汉语学习词典的自动编纂研究
29		ZDI135-106	"一带一路"英语片区国家行政话语动态观测数据库的建设及其应用研究
30		ZDI135-107	北京冬奥会专用字体设计项目
31		ZDI135-108	智能时代的公共语言服务需求与资源建设研究
32		ZDI135-109	我国本土跨国公司语言战略研究
33		ZDI135-110	"一带一路"背景下中亚国家语言政策和语言规划及我国的语言战略对策研究
34		ZDI135-111	中蒙俄蒙古语地带多语种地名翻译现状及共享系统设计
35		ZDI135-112	汉语隐式情感分析关键技术研究
36		ZDI135-113	我国中小学生数字阅读素养测评技术研究
37		ZDI135-114	面向汉语语义计算的意合语法研究与资源建设
38	一般	YB135-110	异形词规范化研究
39		YB135-111	汉语国际传播在东盟国家的发展对策研究
40		YB135-112	全球化进程中城市亚社区语言景观研究
41		YB135-113	网络语言对青年群体语言能力影响研究
42		YB135-114	少数民族地区语言产业调查研究
43		YB135-115	面向公共服务和政务的少数民族语言自动问答系统建设情况研究
44		YB135-116	"一带一路"泛亚跨境傣文识别与文献数字化保护研究
45		YB135-117	"一带一路"不同族群语言基因的DNA序列差异及其与文化教育特征的关联研究
46		YB135-118	"一带一路"背景下南欧国家语言政策的话语视角研究
47		YB135-119	"一带一路"国家英语媒体话语建构机制研究
48		YB135-120	"一带一路"背景下提升宗教教职人员国家通用语言文字使用能力对策研究
49		YB135-121	基于语义与行为共同驱动的网络水军自适应识别研究
50		YB135-122	融合词义特征与句法构式的中文评价对象抽取研究

(续表)

序号	项目性质	项目编号	项目名称
51		YB135-123	开放式多语种大数据语料标注平台——以汉、英、葡三种语言为例
52		YB135-124	基于计量指标的汉语语体模式智能识别及实证研究
53		YB135-125	结合关键点定位及重识别技术的手语机器识别及翻译算法研究
54		YB135-132	基于语情监测的网络空间语言失范现象及对策研究
55		YB135-133	东南亚华人多语能力现状及其在"一带一路"中的作用研究
56		YB135-134	70年来汉字简化成果整理研究与数据库建设
57		YB135-135	移民羌村语言减贫实证研究
58		YB135-136	"一带一路"背景下高校非通用语教师队伍现状及专业发展路径研究
59		YB135-137	语言服务视角下东北边境城市外国语言使用情况调查研究
60		YB135-138	我国大中小学写作教育衔接的语言学研究
61		YB135-139	后脱贫时代西北典型地区语言扶贫的路径与模式探究
62		YB135-140	大学生中华文化认知认同研究——以新疆地区为例
63		YB135-141	外向型汉语学习词典的现状、问题与对策研究
64		YB135-142	当代日本语言减灾及其启示研究
65		YB135-143	全域旅游背景下胶东传统村落语言景观的设计应用研究
66		YB135-144	网络短视频语言文字问题及对策研究
67		YB135-145	面向公共服务和政务服务的蒙汉双语自动问答系统建设情况研究
68		YB135-146	西双版纳社会用字使用问题研究
69		YB135-147	生态文化保护视角下洱海湖泊语言文化研究
70	委托	WT135-41	"政治词语"在新时代青年话语体系中的影响及正确解读研究
71		WT135-42	2022年冬奥会张家口市语言环境分析及对策研究
72		WT135-43	B型和C型交通标志专用字体使用评估
73		WT135-44	国家通用盲文水平等级标准研制
74		WT135-45	国家通用语言文字简明学习读本综合培训教材
75		WT135-46	海峡两岸科技术语对照中一个简体字对应多个繁体字的平行词语库初建
76		WT135-47	汉语国际教育用汉语口语水平考试(HKC)等级标准及自动评测研究

（续表）

序号	项目性质	项目编号	项目名称
77		WT135-48	基于视觉语义特征的计算机字体描述方法研究
78		WT135-49	旅游景区安全用语规范标准建设研究
79		WT135-50	统编义务教育语文教科书中古诗文注释研究
80		WT135-51	医学期刊科技名词术语规范表达研究
81		WT135-52	语言经济学视角下少数民族地区推普的精准扶贫效应评价与政策建议研究——以广西罗城为例
82		WT135-53	语言文字视角下的雄安新区地名文化保护
83		WT135-54	中小学语文教材话语体系研究
84		WT135-56	关于应用柔性传感显示及人工智能技术提升中文学习效率的实践研究
85		WT135-57	国家语委专家资源库建设及其挖掘分析
86		WT135-58	粤港澳大湾区语言状况及规划研究
87	后期	HQ135-32	《壮族麽经布洛陀影印译注》文字词汇研究
88		HQ135-33	清末民初北京话口语词词典
89		HQ135-34	东南亚华人社区华语生活状况报告
90		HQ135-35	上海博物馆藏战国楚简集释
91		HQ135-36	汉语作为第二语言的分级阅读新媒体平台建设
92		HQ135-37	当代新词语规范及科学语言规范观研究
93		HQ135-38	基于"通用手语"的听障人员普通话水平代替性测试研究

2019年，国家语委科研规划共结项111项，其中，重大项目5项，重点项目33项，一般项目54项，委托项目10项，后期资助项目9项；产出专著、规范标准、资政报告、论文等科研成果700余项。为进一步加强对科研项目的规范管理，国家语委科研办对其中大部分项目进行集中鉴定，强化对科研成果的学术评价。

四 国家语委科研机构科研成果

2019年，21家国家语委科研机构共发表期刊论文304篇，论文集论文、序文、报告等其他文章125篇，报纸文章24篇；编撰出版图书54种；责编出版图书5种；提交资政报告74篇；获得软件著作权和专利179项。共新增获批立项课题125项,结项"优秀"课题6项。共编发学术期刊、集刊、动态、通讯等刊物17种。举办学术会议61次,在境内学术会议发表学术报告共384人次,参加境外国际性学术会议并发表学术报告共75人次。为国家和地方各级语委举办的各类培训班讲课28人次,举办讲座报告323人次。新开通网站1个,目前共建有网站20个;新开通微信公众号6个,目前共建有微信公众号17个。接受各级各类媒体采访45次。组织实施国家语委国际高端专家来华交流项目4项。有3家机构入选我国智库第三方评价备选池或来源智库名单。

(数据供稿单位:教育部学位管理与研究生教育司、国家语委科研办、国家语委科研机构秘书处)

(撰稿人:王宇波、刘思静、沈凡苇)

特殊人群语言服务

一 手语盲文设施

据《2019年残疾人事业发展统计公报》[①]：截至2019年底，全国共有省级残疾人专题广播节目25个、电视手语栏目32个；地市级残疾人专题广播节目219个、电视手语栏目272个。截至2019年底，全国省、市、县三级公共图书馆共设立盲文及盲文有声读物阅览室1174个；2019年使用国家通用盲文的新书发稿824种，发稿字数6477万字，完成终校图书713种。

二 聋人盲人特殊教育

据《中国教育统计年鉴2018》[②]：全国共有特殊教育学校2152所，其中盲人学校26所、聋人学校405所、培智学校513所、其他特殊教育学校1208所。特殊教育学校当年在校生中，视力残疾9024人、听力残疾50 339人、言语残疾4288人；当年毕业生中，视力残疾1676人、听力残疾9355人、言语残疾399人；当年新招学生中，视力残疾1754人、听力残疾7722人、言语残疾917人[③]。全国各类学校附设特教班以及小学、初中随班就读当年在校生中，视力残疾28 950人、听力残疾35 425人、言语残疾16 845人；当年毕业生中，视力残疾5067人、听力残疾4394人、言语残疾1994人；当年新招学生中，视力残疾5275人、听力残疾6761人、言语残疾3178人。

---

① 网址：http://www.cdpf.org.cn/sjzx/tjgb/202004/t20200402_674393.shtml。
② 2019年12月出版。
③ 学生数包括培智学校、其他特殊教育学校中的视力听力残疾学生。

三 语言康复

据《2019年残疾人事业发展统计公报》：2019年，得到康复服务的持证残疾人中，有视力残疾人112.2万、听力残疾人73.1万、言语残疾人4.4万。截至2019年底，全国已有残疾人康复机构9775个，其中，1430个机构提供视力残疾康复服务，1669个提供听力言语残疾康复服务[①]。

[①] 其余提供肢体残疾康复、智力残疾康复、精神残疾康复、孤独症儿童康复、辅助器具等服务。

第五部分

附 录

关于印发《国家语言文字工作委员会办公室关于加强语言文字培训工作的管理办法》的通知

教语用司函〔2019〕17号

各省、自治区、直辖市教育厅（教委）、语委，新疆生产建设兵团教育局、语委，语言文字应用研究所：

现将《国家语言文字工作委员会办公室关于加强语言文字培训工作的管理办法》印发给你们，请结合本地区本单位实际，做好有关工作。

国家语言文字工作委员会办公室
2019年3月18日

国家语言文字工作委员会办公室关于加强语言文字培训工作的管理办法

为加强教育部语言文字应用管理司、语言文字信息管理司组织开展的各类培训工作，进一步规范学员管理、改进培训学风，切实提高培训实效，严肃培训纪律，按照中组部《关于在干部教育培训中进一步加强学员管理的规定》要求，制定此管理办法。

一、严守政治纪律规矩

（一）坚守政治纪律。用习近平新时代中国特色社会主义思想武装头脑，将全面从严治党的各项要求贯穿培训工作始终。把树牢"四个意识"、坚定"四个自信"、坚决做到"两个维护"作为培训期间一切言行的基本遵循。不信谣、不传谣，不妄议中央，不对国家大政方针妄加评论。规范学员间正常交往，不搞非组织活动。

（二）恪守政治规矩。学员在校期间及结业以后，不准以同学名义搞"小圈子"，不得成立任何形式的联谊会、同学会等组织，也不得确定召集人、联系人等，私自开展有组织的活动。

（三）遵守廉洁规定。学员之间、教员和学员之间不得相互宴请。班级、小组不得以集体活动为名聚餐吃请。学员不得外出参加任何形式的可能影响公正执行公务的宴请和娱乐活动，不准接受和赠送礼品、礼金、有价证券和支付凭证及土特产等。学员之间不得以学习交流、对口走访、交叉考察、集体调研等名义互请旅游。

二、端正培训学风

（四）摆正自身定位。学员要转换角色定位，树立学员意识，端正学习态度，严格遵守学习培训的各项规定，把精力放在学习上，认真完成培训任务。根据各培训项目要求，自己动手撰写并提交发言材料、学习体会、调研报告和培训总结等，不得请人代写，不得抄袭他人学习研究成果。对违反规定的学员，视情节轻重予以通报批评或责令退学处理。学员在学习培训期间，不得留公车驻校，或借用其他单位和个人的车辆"伴读"。

（五）严格考勤制度。学习培训期间，学员不再承担所在单位的工作、会议、出国（境）考察等任务。不得迟到早退，迟到早退超过一个小时以上视为旷课。如因特殊情况确需请假的，应严格履行请假手续。请假半天以内可由承办单位批准，超过半天需报主办单位批准。累计旷课、请假时间超过总学时1/7的，取消此次培训，按退学处理，不予颁发结业证书。伪造病假、无故缺勤等情节严重的将向其省级语言文字部门通报批评。

（六）严肃课堂纪律。严格遵照培训作息时间，提前做好上课、讨论等准备工作。进入教室要关闭手机或调至静音状态。听课期间不得交头接耳，不得大声喧哗，不得随意走动，不得影响课堂秩序。爱护公共财物和教学设施，保持教室卫生清洁整齐。

（七）树立良好作风。避免"形式主义"学习，要定好目标，做好计划，真正把培训内容入脑、入心。要善于学习，用发展的眼光看待问题，积极沟通交流，做到学以致用。杜绝"享乐主义"作风，不能把培训当作休假和享受，对

起居饮食等提出超标准要求。

三、严格培训管理

（八）严选推荐人员。省级语言文字部门应严格选拔、推荐参训学员，充分考虑区域覆盖面和政策倾斜等按需分配名额，同一学员原则上三年内不得重复参加教育部语用司和语信司组织的同类培训。学员名单确定后，确因特殊原因无法如期参训的，需经省级语言文字部门批准同意，并将替换人员或空缺情况报主办单位备案。如有随意占用培训指标、无故缺席培训者，将对省级语言文字部门给予通报批评并视情况缩减下一年度培训名额。

（九）厉行勤俭节约。培训承办单位要厉行节约、勤俭办学，不得在高档宾馆、风景名胜区举办培训班，不得超标准安排食宿，不得发放高档消费品和纪念品，严禁借培训之名搞公款旅游。组织学员外出进行现场教学、实地考察调研等活动时，不搞特殊待遇，不接受宴请，一律按规定吃自助餐或便餐，不收受赠送纪念品和土特产，不安排与学习无关的旅游和娱乐活动。对违反规定的，追究承办单位有关领导和带队负责人的责任。

（十）严格管理制度。培训单位应指定专人作为班主任负责每个培训班。严肃培训纪律，严格执行签到制度，不允许代签、补签，签到记录作为结业考核的重要参考和培训班结业报告的组成部分。培训结业前，承办单位需向主办单位通报培训情况，根据考勤和培训情况给出结业人员名单报主办单位审批后，允许结业。对违反规定的学员，视情况予以不颁发结业证书和通报批评等处理。

（十一）遵守财务规定。培训单位应严格按照预算执行培训，各项开支不得超出预算范围。如确有特殊情况，应及时报告主办单位。培训单位应于培训结束后一个月内将培训总结及其经费决算报销材料提交主办单位，主办单位按照财务规定会同财务部门审核后拨付经费。

四、其他规定

（十二）语言文字战线举办的各类语言文字工作培训班参照本办法执行。

（十三）本办法由国家语言文字工作委员会办公室负责解释，自印发之日起执行。

教育部 国家语委关于表彰"中国语言资源保护奖"先进集体和先进个人的决定

教语信〔2020〕1号

中国语言资源保护工程（以下简称"语保工程"）是目前世界上规模最大的语言资源保护项目，自2015年启动实施以来，各地高度重视，社会反响良好，产生了一系列标志性成果。语保工程始终坚持以习近平新时代中国特色社会主义思想为指导，紧密围绕中华优秀语言文化的传承保护，严谨求实、开拓创新，涌现了一批先进典型。

为表彰作出突出贡献的单位和个人，进一步调动语言文字战线积极性，为语言文字工作营造积极奋发、干事创业的氛围，教育部、国家语委决定授予河北省语言文字工作委员会办公室等20个单位"中国语言资源保护奖"先进集体称号，授予丁石庆等100名同志"中国语言资源保护奖"先进个人称号。希望获得表彰的集体和个人以此为新的起点，积极进取、奋发有为，充分发挥示范引领作用，不断推动语言资源保护工作取得更好成果。

地方各级教育行政部门和语言文字工作部门、各高校以及广大语言文字工作者要以受表彰的先进集体和先进个人为榜样，更加紧密地团结在以习近平同志为核心的党中央周围，贯彻党的教育方针和国家语言文字政策，促进中华优秀语言文化的传承保护与发展，为新时代教育事业和语言文字事业发展作出新的更大贡献。

附件：1. "中国语言资源保护奖"先进集体名单
2. "中国语言资源保护奖"先进个人名单

教育部 国家语委
2020年3月19日

附件 1

"中国语言资源保护奖"先进集体名单

（共 20 个）

河北省语言文字工作委员会办公室
江苏省语言文字工作委员会办公室
浙江省语言文字工作委员会办公室
江西省语言文字工作委员会办公室
山东省语言文字工作委员会办公室
湖南省语言文字工作委员会办公室
广东省语言文字工作委员会办公室
广西壮族自治区语言文字工作委员会办公室
四川省语言文字工作委员会办公室
陕西省语言文字工作委员会办公室
内蒙古自治区呼伦贝尔市汉语言文字工作委员会办公室
湖北省恩施土家族苗族自治州语言文字工作委员会办公室
清华大学计算机科学与技术系
北京语言大学中国语言资源保护研究中心
中央民族大学中国少数民族语言资源保护研究中心
中国社会科学院民族学与人类学研究所科研处
山西大学语言科学研究所
辽宁师范大学文学院
重庆文理学院文化与传媒学院
云南民族大学民族文化学院

附件 2

"中国语言资源保护奖"先进个人名单

（按姓氏笔画排序，共 100 名）

丁石庆（达斡尔族）	中央民族大学教授
马培元	江苏省苏州市语言文字工作委员会办公室高级教师
王文胜	杭州师范大学研究员
王仲黎	云南大学副研究员
王运芳（女）	四川省教育厅语言文字工作委员会办公室主任
王国旭	云南民族大学副教授
王肃霜（女）	甘肃省平凉市语言文字工作委员会办公室主任
王临惠	天津师范大学教授
王洪钟	浙江师范大学教授
王莉宁（女）	北京语言大学研究员
王晓婷（女）	山西大学讲师
王　锋（白族）	中国社会科学院民族学与人类学研究所研究员
邓玉荣	贺州学院教授
尹蔚彬（女，回族）	中国社会科学院民族学与人类学研究所研究员
甘于恩	暨南大学教授
石才以（壮族）	广西壮族自治区来宾市武宣县教育体育局语言文字工作委员会办公室副主任
龙从军	中国社会科学院民族学与人类学研究所副研究员
叶　良	浙江省景宁畲族自治县教育局教育科干部
包玉柱（蒙古族）	中央民族大学教授
冯法强	海南师范大学副教授

兰月芬（女，俄罗斯族）	内蒙古自治区额尔古纳市室韦俄罗斯民族乡俄罗斯语发音人
乔全生	山西大学教授
朱广秀（女）	安徽省淮南市语言文字工作委员会办公室科员
朱德康	中央民族大学讲师
任　彦（蒙古族）	内蒙古师范大学副教授
任晓军	陕西省千阳县教师进修学校一级教师
刘秀华（女）	天津市滨海新区教育体育局主任科员
刘　涛	黑龙江教师发展学院语言文字应用研究中心副研究员
刘　宾	聊城大学讲师
刘鸿雁（女）	宁夏大学副教授
庄初升	中山大学教授
米古丽·米熊（女，珞巴族）	西藏自治区林芝市察隅县义都语发音人
孙红举	西南大学副教授
孙宏开	中国社会科学院民族学与人类学研究所研究员
杨　坚（女）	甘肃省教育厅一级调研员
杨银梅（女，白族）	中央民族大学博士研究生
杨　静（女）	山东省济南市语言文字工作委员会办公室主任
李大勤	中国传媒大学教授
李　旭（女）	天津外国语大学副教授
李晓云（女）	广东省广州市语言文字工作委员会办公室副主任
李涓子（女）	清华大学教授
李锦芳（壮族）	中央民族大学教授
肖　萍	宁波大学教授
吴亚军	江西省九江市瑞昌方言发音人
吴伟军（女）	贵州师范大学副教授
吴　阳（女）	湖南省汨罗市教育体育局教师教育股副股长
吴继章	河北师范大学教授
邹德文	长春师范大学教授
辛永芬（女）	河南大学教授
汪　平	苏州大学教授

第五部分 附录

汪国胜	华中师范大学教授
汪　涵	湖南广播电视台主任播音员、节目监制
宋　成	中国传媒大学博士研究生
张日培	上海市教育科学研究院国家语言文字政策研究中心副主任
张世方	北京语言大学研究员
张　发	北京市平谷区语言文字工作委员会办公室主任
张定京	中央民族大学教授
张勇生	江西师范大学副教授
张惠英（女）	海南师范大学教授
陈小燕（女）	广西师范大学教授
陈　龙	云南财经大学讲师
陈代秋（女）	重庆市巫溪县教育研究进修学校校长
陈德京（女）	辽宁省大连市教育事业发展中心语言文字工作部部长
邵美影（女）	广东外语外贸大学语保志愿者工作站志愿者
林芝雅（女）	江西科技师范大学副教授
林　亦（女，壮族）	广西大学教授
罗昕如（女）	湖南师范大学教授
罗　瑛（女）	四川省江油市教育发展中心高级讲师
岳立静（女）	山东大学教授
周及徐	四川师范大学教授
周国炎（布依族）	中央民族大学教授
项　菊（女）	黄冈师范学院教授
胡松柏	南昌大学教授
赵小明	安徽省芜湖市镜湖方言发音人
赵晓群（女）	江苏省教育厅处长
段亚广	河南大学副教授
姜莉芳（女，侗族）	怀化学院副研究员
贺继新（裕固族）	甘肃省张掖市肃南裕固族自治县西部裕固语发音人
袁雪梅（女）	四川师范大学教授
莫　超	兰州城市学院教授
栗华益	安徽大学副教授

钱曾怡（女）	山东大学教授
高　峰（女）	西安文理学院副教授
唐爱华（女）	宿州学院教授
涂良军	云南师范大学教授
黄成龙（羌族）	中国社会科学院民族学与人类学研究所研究员
黄明艳（女）	重庆市渝北区汉渝路小学校教师
黄　凯（女，壮族）	广西壮族自治区教育厅语言文字工作处处长
盛寿良	江西省上饶市语言文字工作委员会办公室主任
崔淑桃（女）	内蒙古自治区鄂尔多斯市教育体育局语言文字应用管理中心主任
盘美花（女，瑶族）	广西民族大学副教授
盖林海	石家庄学院教授
梁　敢（壮族）	广西民族大学教授
黑维强	陕西师范大学教授
温荣辉	"全球说"公司创始人
游汝杰	复旦大学教授
谢奇勇	湖南科技大学教授
鲍厚星	湖南师范大学教授
臧国安	河北省雄安新区安新方言发音人
潘民强	广西壮族自治区桂林市永福方言发音人

2019年语言文字工作大事记

一 推普助力脱贫攻坚

4月3日,教育部、国家语委在云南昆明召开2019年全国语言文字工作会议暨推普脱贫攻坚中期推进会,部署推普脱贫攻坚各项重点任务,与国务院扶贫办、中国移动、科大讯飞签署《"推普脱贫攻坚"战略合作框架》。

4月24日,教育部、国家语委在北京召开推普脱贫攻坚部际协调会,研究合力开展推普脱贫攻坚工作。

4月,教育部语用司委托语文出版社编写的《幼儿普通话365句》出版。

6月10日,教育部语用司、共青团中央青年发展部联合发文,部署2019年"推普脱贫攻坚"全国大学生暑期社会实践专项活动。

6月21日,国务院教育督导委员会办公室印发《2019年对省级人民政府履行教育职责评价方案》,将民族地区推普脱贫攻坚纳入评价指标体系。

7月5日,教育部语用司、共青团中央青年发展部在北京林业大学举行2019年"推普脱贫攻坚"全国大学生暑期社会实践活动出征仪式。

7月22日,国家语委成立推普脱贫攻坚部际协调小组,印发《推普脱贫攻坚部际协调小组任务清单(2019—2020年)》。

10月15—16日,国家语委、国务院扶贫办政策法规司指导《语言战略研究》编辑部,在北京举行"中国语言扶贫与人类减贫事业论坛"并发布《语言扶贫宣言》。

10月16日,教育部语用司在北京召开《"推普脱贫攻坚"战略合作框架》落实推进会。

12月29—30日,教育部语用司指导教育部语用所和江苏师范大学,在江苏徐州召开2019年推普脱贫攻坚研讨会。

二 国家通用语言文字推广普及

4月10日，教育部语用司在安徽合肥召开会议，研究2019年普通话调查和测试工作，山东、四川、陕西等省交流2018年普通话调查工作经验。

5月14日，教育部语用司印发《关于做好2019年全国普通话普及情况调查工作的通知》和《2019年全国普通话普及情况调查使用手册》，启动2019年全国普通话普及情况调查工作。

7月9日，教育部等8部门印发关于开展第22届全国推广普通话宣传周活动的通知。

9月16日，全国推普周领导小组在上海举行第22届全国推普周开幕式暨庆祝中华人民共和国成立70周年经典诵读展示活动。

9月18—19日，教育部语用司、办公厅、人事司、直属机关党委联合开展部机关工作人员普通话水平测试和汉字应用水平测试。

9月23日，全国推普周领导小组在贵州黔东南苗族侗族自治州凯里市举行第22届全国推广普通话宣传周闭幕式。

9月27日，习近平总书记在全国民族团结进步表彰大会上发表重要讲话，强调要搞好民族地区各级各类教育，全面加强国家通用语言文字教育，不断提高各族群众科学文化素质。

三 语言文化传承与语言资源保护

2月5日，教育部、国家语委与中央广播电视总台联合组织制作的《中国诗词大会》（第四季）在中央电视台综合频道和科教频道开播。

2月21日，教育部、联合国教科文组织驻华代表处、中国联合国教科文组织全国委员会、国家语委在北京共同举行发布会，发布《保护与促进世界语言多样性 岳麓宣言》。

3月15日，教育部语用司印发《关于举办2019年中华经典诵写讲大赛的通知》，启动经典诵读大赛、诗文创作、学生篆刻、诗词讲解等系列活动。

4月8—14日，教育部语用司、港澳台办组织内地3所高校40名师生赴香港、澳门开展中华经典诵读港澳展演交流活动。

5月7日，教育部语信司在江西南昌召开中国语言资源保护工程2019年度工作会议，布置2019年工程任务，交流研讨分省语言资源集编制等工作。

6月，中国语言资源保护工程标志性成果《中国濒危语言志》丛书由商务印书馆出版。

6月26日，教育部、国家语委发文启动"中国语言资源保护奖"先进集体和先进个人评选工作。

7月6日，教育部语用司、福建省教育厅、人民教育出版社在福建泉州开展2019年"一带一路"送经典活动。

7月6—15日，教育部语用司以"丝路传经典，泉州再启航"为主题，在福建泉州举办2019年两岸学生语言文化交流夏令营。

7月22—31日，教育部语用司在中国海洋大学举办2019年港澳教师普通话能力提升研修活动。

7月23—29日，教育部语用司、广东省教育厅、广东省语委在广东举办2019港澳与内地中学生语言文化交流夏令营暨华南片区中华经典诵写讲师资培训班。

7月28日，甲骨文等古文字研究与应用专项工作专家委员会召开会议，审议确定纪念甲骨文发现120周年系列活动方案。

8月15—21日，教育部语用司在浙江和甘肃同时举办中华经典诵写讲夏令营活动。

9月23—24日，教育部语信司指导北京语言大学、浙江师范大学，以"语言资源保护可持续发展"为主题，在浙江金华召开第六届中国语言资源国际学术研讨会。

9月30日，教育部语用司公布2019年中华经典诵写讲大赛获奖名单。

10月14日，教育部办公厅印发《关于实施中华经典诵读网络专项培训并开展2019年度培训的通知》。

10月18日，中央宣传部、教育部、文化和旅游部、科技部、国家语委、国家文物局、中国社会科学院、河南省人民政府在河南安阳联合召开"纪念甲骨文发现120周年国际学术研讨会"。

10月22日，中央宣传部、教育部、文化和旅游部、科技部、国家语委、国家文物局、中国国家博物馆、中国社会科学院、河南省人民政府联合举办的"证古泽今——甲骨文文化展"在中国国家博物馆开幕。

11月1日,中共中央总书记、国家主席、中央军委主席习近平向甲骨文发现和研究120周年致贺信,强调"坚定文化自信,促进文明交流互鉴"。

11月1日,纪念甲骨文发现120周年座谈会在人民大会堂举行,中共中央政治局委员、国务院副总理孙春兰主持会议,宣读习近平总书记贺信并做重要讲话。

11月7日,教育部、国家语委在北京召开学习贯彻习近平总书记贺信精神座谈会。

11月16日,中央宣传部指导,民政部和中央广播电视总台联合摄制的《中国地名大会》在中央电视台中文国际频道开播。

四 规范标准与服务引导

1月11日,国家语委重大基础资源建设项目"通用汉字全息数据库建设"的标志性成果"汉字全息资源应用系统"上线发布。

1月15日,教育部考试中心与英国文化教育协会联合发布雅思、普思考试与《中国英语能力等级量表》的对接研究结果。

5月31日,教育部、国家语委召开新闻发布会,发布《中国语言文字事业发展报告(2019)》《中国语言生活状况报告(2019)》《中国语言政策研究报告(2019)》和《世界语言生活状况报告(2019)》。

5月31日,教育部语信司组编的《义务教育常用词表(草案)》出版座谈会在商务印书馆召开。

6月,全国科学技术名词审定委员会编著的《中华科学技术大词典》由商务印书馆出版。

7月15日,教育部、国家语委、中国残联发布国家语委语言文字规范《汉语手指字母方案》(GF0021—2019),自11月1日起实施。

7月15日,教育部、国家语委发布国家语委语言文字规范《中华通韵》(GF0022—2019),自11月1日起试行。

8月8日,外语中文译写规范和中华思想文化术语传播部际联席会议专家委员会发布第八批推荐使用的外语词中文译名。

8月22日,中国文联、国家语委指导,中国国家博物馆、中国书法家协会、方正集团主办的"字载中华——中华精品字库工程成果展"在中国国家博物馆开展。

9月26日，落实《北京冬奥会语言服务行动计划》的语言服务冬奥项目"北京冬奥项目知识图谱资源及问答系统"在北京语言大学发布。

10月10日，教育部教师工作司印发《特殊教育专业认证标准》，要求特殊教育专业掌握国家通用手语或国家通用盲文等从教基本功。

10月24日，人民教育出版社、科大讯飞股份有限公司等21家单位发起的"全球中文学习联盟"在北京宣告成立。

10月25日，教育部、国家语委指导，科大讯飞股份有限公司承建的"全球中文学习平台"上线发布。

12月2日，国家语委国家语言资源监测与研究中心发布"2019年度十大网络用语"。

12月6日，国家语委国家语言资源监测与研究中心发布"2019年中国媒体十大流行语"。

12月11日，落实《北京冬奥会语言服务行动计划》的语言服务冬奥项目"冬奥术语平台"V2版在北京冬奥组委交付使用。

12月16日，国家语委国家语言资源监测与研究中心发布"2019年度中国媒体十大新词语"。

12月20日，国家语委国家语言资源监测与研究中心、商务印书馆、人民网、腾讯公司在北京举办"汉语盘点2019"揭晓仪式。

五　交流合作与国际传播

5月6—10日，国家语委派代表参加在加拿大渥太华召开的国际标准化组织信息与文献标准化技术委员会（ISO/TC46）年会，成功阻击《信息与文献——广东话罗马化》提案立项。

5月9日，孔子学院总部、美国大学理事会和亚洲协会在美国加利福利亚州圣地亚哥联合举办第12届全美中文大会。

5月17日，中央党史和文献研究院第六研究部在北京召开"当代中国最新政经术语中译法研讨会"暨中国译协对外传播翻译委员会第34届中译法研讨会。

8月11日，孔子学院总部以"中印语言教育的创新发展"为主题，在北京召开第二届中印语言教育交流合作研讨会。

9月21日—10月1日，教育部语信司主办、国家语委中国外语战略研究中心（上海外国语大学）承办实施"搭建语言之桥——俄罗斯语言政策专家访华项目"。

10月24—27日，国家语委、中国外文局、中国联合国教科文组织全国委员会支持，北京市语委、北京市贸促会、孔子学院总部、北京语言大学、首都师范大学在中国国际展览中心举办第三届中国北京国际语言文化博览会。

10月25—27日，两岸语言文字交流与合作协调小组在韩山师范学院召开第三届"两岸语言文字调查研究与语文生活"研讨会。

11月14日，首届中俄语言文化会议在俄罗斯圣彼得堡召开。

11月27日—12月6日，教育部语信司先后访问英国理启蒙大学、谢菲尔德大学，德国哥廷根大学，法国文化部法语和法国境内语言总司，达成多项语言文字双边交流合作计划。

11月30日—12月1日，中国翻译协会对外话语体系研究委员会、中共河南省委外事工作委员会办公室、郑州大学等在郑州大学召开全国第二届外交话语及外事外交翻译研讨会。

12月1日，中央党史和文献研究院第六研究部、天津外国语大学、中国译协社科翻译委员会、暨南大学在广东珠海举办第五届中央文献翻译与研究论坛。

12月5日，教育部语信司负责人出席在联合国教科文组织（UNESCO）总部召开的"面向大众的语言技术"（Language Technologies for All，LT4All）国际研讨会并发表主旨演讲。

12月9—10日，教育部、湖南省政府以"新时代国际中文教育的创新和发展"为主题，在湖南长沙举办首届国际中文教育大会。

12月22—30日，教育部语用司在暨南大学举办2019年海外中文教师中华经典诵写讲研修活动。

六 工作机构与科研保障

1月30日，教育部、国家语委调整充实外语中文译写规范和中华思想文化术语传播部际联席会议专家委员会成员，许嘉璐、陈章太、陈琳任委员会顾问。

3月18日，国家语委调整国家语委咨询委员会成员，许嘉璐任主任。

3月18日，国家语委办公室印发《国家语言文字工作委员会办公室关于加强语言文字培训工作的管理办法》。

3月18—22日，教育部教育督导局、语用司在贵州师范大学举办全国语言文字工作督导培训班，期间召开部分省（区）语言文字督导评估总结交流会。

3月27日，教育部语用司发文启动国家语言文字推广基地的申报、评审和认定工作。

4月13日，教育部语信司在广东广州与暨南大学签署共建协议，续建国家语委科研机构"海外华语研究中心"。

4月15日，教育部语信司在北京分别与华中师范大学、厦门大学签署共建协议，续建国家语委科研机构"国家语言资源监测与研究网络媒体中心"和"国家语言资源监测与研究教育教材中心"。

5月10日，国务院任命田学军为国家语委主任。

5月10日，教育部语信司、河南省教育厅、郑州大学签约共建国家语委科研机构"汉字文明传承传播与教育研究中心"。

5月10—11日，教育部语信司在郑州大学召开2019年度国家语委科研机构工作会议。

7月15日，国家语委对委员单位和委员进行调整。新一届国家语委委员单位共29家，包括：教育部、中央宣传部、中央统战部、中央网信办、中央军委训练管理部、外交部、科技部、工业和信息化部、国家民委、公安部、民政部、人力资源和社会保障部、交通运输部、商务部、文化和旅游部、卫生健康委、海关总署、市场监管总局、广电总局、体育总局、中科院、社科院、全国总工会、团中央、全国妇联、中国残联、孔子学院、中国书法家协会、中华诗词学会。

7月29—30日，国家语委科研办组织科研项目集中鉴定会，对64项科研项目开展集中鉴定。

11月14—15日，教育部语用司在广西民族大学召开2019年国家语言文字推广基地和中华经典诵读工作研讨会暨推普脱贫攻坚片区推进会。

11月16日，教育部语信司在上海与上海市教科院签署共建协议，续建国家语委科研机构"国家语言文字政策研究中心"。

11月24日，2019年国家语委公开申报科研项目立项工作完成。

12月10日，教育部语信司印发《语言文字智库测评指标体系（试行）》。

12月12日，教育部语用司就《2019年国家语言文字推广基地拟入选名单》进行公示。

《中国语言生活状况报告（2020）》目录

第一部分　特稿篇

　　习近平致甲骨文发现和研究120周年的贺信
　　陈宝生在纪念甲骨文发现120周年座谈会上的发言
　　对甲骨文研究的认识和建议
　　新时代甲骨文研究工作的继往开来
　　充分利用考古发掘成果，将甲骨学研究推向新的阶段
　　继往开来，让古老汉字焕发出时代风采
　　国家图书馆历来重视馆藏甲骨的传拓、研究和推广

第二部分　工作篇

　　中共中央、国务院及相关部委公文中有关语言文字的内容
　　国家通用语言文字工作
　　少数民族语言文字工作

第三部分　领域篇

　　中国语言扶贫（2019）
　　云南怒江推普助力精准扶贫调查
　　粤港澳大湾区广播语言使用调查
　　广播电视领域语言状况
　　科技名词工作状况
　　方言文化的保护与传承
　　走进现实的网络语言
　　广州人语言使用现状调查
　　西安市灞桥区道路名称调查
　　湖南岳阳县留守儿童语言生活调查
　　我国少数民族语言状况调查数据分析
　　辞书走向媒体融合
　　新中国的辞书事业
　　《中国濒危语言志》的特色及影响
　　国际学术论文中文表达调查

第四部分　热点篇

　　垃圾分类名称引社会关注
　　粉丝热捧央视"金句"
　　方言电影，你怎么看？
　　《生僻字》歌曲让生僻字不生僻
　　《人生初年》现象

第五部分 字词语篇
  2019，用字词刻下时代印记
  2019，新词语里的社会关注点
  2019，流行语里的中国与世界
  2019，网络用语中的草根百态
  "5G 元年"话 5G

第六部分 港澳台篇
  澳门回归后的语言生活
  台湾语文生活状况（2019）
  台湾地区语文新课纲
  香港楼盘名称面面观

第七部分 参考篇
  欧洲超国家层面的语言权利保护
  墨西哥印第安人双语教育政策演变及分析
  国际语言与发展大会纵览（1993—2019）
  语言政策与规划类国际期刊扫描（2019）

附录
  2019 年语言生活大事记
  2019 年度媒体用字总表
  2019 年度媒体高频词语表
  2019 年度媒体成语表
  2019 年度媒体新词语表
  图表目录
  术语索引

后记

《中国语言政策研究报告（2020）》目录

第一部分　专题综述

语言规划七十年
　　一　语言政策七十年
　　二　语言教育七十年
　　三　语言生活七十年

推普助力脱贫攻坚
　　一　推普对减贫脱贫的重要意义
　　二　贫困地区推普的实践与不足
　　三　精准扶贫要求精准推普
　　四　语言扶贫助力永久脱贫

语言资源科学保护
　　一　语言资源理论与实践
　　二　语保工程成效与经验
　　三　中国语保走向世界

国家语言能力
　　一　理论建构
　　二　发展现状
　　三　任务方略

外交话语体系建设
　　一　外交话语构建
　　二　外交话语翻译
　　三　外交话语传播
　　四　外交话语研究

网络语言治理
　　一　治理对象
　　二　治理意义
　　三　治理重点
　　四　治理方略

语言规范
　　一　语言规范政策与方略
　　二　汉语拼音教学与应用
　　三　汉字规范与地名用字审定
　　四　词表研制与辞书收词处理

语言服务
　　一　大湾区语言服务
　　二　冬奥会语言服务
　　三　城市语言服务

家庭语言规划
　　一　方言区家庭语言规划
　　二　少数民族家庭语言规划
　　三　华侨华人家庭语言规划
　　四　跨国婚姻家庭语言规划
　　五　家庭语言规划研究综论
特殊人群语言规划
　　一　聋人语言规划
　　二　盲人语言规划
　　三　语言障碍儿童语言规划
　　四　语言蚀失老人语言规划
高考语文改革
　　一　改革背景
　　二　改革原则
　　三　内容改革
　　四　命题改革
　　五　评卷改革
新时代外语专业教育
　　一　培养目标
　　二　专业建设
　　三　课程改革
　　四　教学理念
语言智能
　　一　语言智能时代的语言研究
　　二　语言智能应用的教育场景
　　三　语言智能的社会伦理问题
中文国际传播
　　一　中文传播理论
　　二　国际中文教育
　　三　海外华文教育

第二部分　论点摘编

语言功能决定世界语言格局
加快修订《国家通用语言文字法》
新时代推普要有新认识
做好新时代甲骨文研究工作的四点建议
让古老汉字焕发出时代风采
融媒体辞书要在六个方面实现融合贯通
外语教育要为国家战略服务
外语教育要防止走极端

"一带一路"外语教育规划的四大任务
提高中文修养对搞好翻译至关重要
从"三原"着手传承传播中华文化
提高国家文化软实力需要重视语言文化交流
安全观话语构建要充分阐释中国文化内涵
法律工作者应具有"四位一体"的语言能力
语言影响国际政治的三个方面
语言政策的本质是引导和调控语言价值
中国术语学研究的八大特点
语言学应向话语研究转型

第三部分　学术动态

2019年四大科研基金语言学课题立项情况调查
2019年语言政策研究相关学术会议综述

第四部分　附录

2019年语言政策与语言规划类书目

《世界语言生活状况报告（2020）》目录

第一部分　政策篇

　　韩国发布《盲文发展第一个基本规划（2019—2023）》
　　日本新版《学习指导要领》中的语言教育新要求
　　拉脱维亚《教育法》中的新语言条款
　　《阿尔巴尼亚少数民族保护法》中的语言条款
　　芬兰2025年的语言发展目标
　　德语国家和地区的新版德语正字法
　　苏格兰《英国手语计划（2017—2023）》
　　秘鲁《土著语言、口头传统和跨文化交流国家计划》
　　《澳大利亚儿童多语学习计划》

第二部分　动态篇

　　韩国开发利用外来移民的双语能力
　　日本多语应对协会的语言服务
　　丹麦强化移民语言融合
　　德国移民语言生活新图景
　　英国发布新的十大外语语种
　　摩洛哥评估阿拉伯语教育对海外同胞的影响
　　智利立法保障对听障人士的语言服务

第三部分　事件篇

　　哈萨克斯坦正式启动文字拉丁化改革
　　以色列《犹太民族国家法》中的语言条款
　　缅甸罗兴亚人危机背后的语言问题
　　英国扩建文法学校背后的语言因素
　　喀麦隆学生绑架案折射英法语言冲突

第四部分　报告篇

　　韩国世宗学堂财团年度报告（2017—2018）
　　英国文化教育协会年度报告（2017—2018）
　　德国歌德学院年度报告（2017—2018）
　　西班牙塞万提斯学院年度报告（2017—2018）
　　海外日语教育机构调查报告（2015）
　　俄罗斯世界基金会工作报告（2007—2017）
　　全球法语现状（2018）
　　欧洲学校语言教育的数据报告（2017）

第五部分　语词篇

  韩国年度网络最热词语与新词语（2017—2018）
  日本年度热词与年度汉字（2017—2018）
  俄罗斯年度词语（2017—2018）
  奥地利年度词语（2017—2018）
  德国年度词语（2017—2018）
  法国年度词语（2017—2018）
  西班牙年度热词（2017—2018）
  英语年度热词（2017—2018）

第六部分　附录

  中国媒体有关世界语言生活文章选目（2017—2018）
  世界语言生活论著选目：国外篇（2017—2018）
  世界语言生活论著选目：国内篇（2017—2018）
  国外语言生活大事记（2017—2018）

后记

图书在版编目(CIP)数据

中国语言文字事业发展报告.2020 / 国家语言文字工作委员会组编. —北京:商务印书馆,2020
(语言生活皮书)
ISBN 978-7-100-18401-4

Ⅰ.①中… Ⅱ.①国… Ⅲ.①汉语—语言调查—调查报告—中国—2020 Ⅳ.①H1

中国版本图书馆 CIP 数据核字(2020)第 071784 号

权利保留,侵权必究。

中国语言文字事业发展报告(2020)
国家语言文字工作委员会 组编

商 务 印 书 馆 出 版
(北京王府井大街36号 邮政编码100710)
商 务 印 书 馆 发 行
北 京 中 科 印 刷 有 限 公 司 印 刷
ISBN 978-7-100-18401-4

| 2020年5月第1版 | 开本 787×1092 1/16 |
| 2020年5月北京第1次印刷 | 印张 12½ |

定价:60.00元